FALAR BEM PARA ATENDER MELHOR

RAQUEL BAHIENSE E ALEXANDRE MEDEIROS

Editora Senac São Paulo – São Paulo

ADMINISTRAÇÃO REGIONAL DO SENAC NO ESTADO DE SÃO PAULO
Presidente do Conselho Regional: **Abram Szajman**
Diretor do Departamento Regional: **Luiz Francisco de A. Salgado**
Superintendente Universitário e de Desenvolvimento: **Luiz Carlos Dourado**

EDITORA SENAC SÃO PAULO
Conselho Editorial: **Luiz Francisco de A. Salgado**
Luiz Carlos Dourado
Darcio Sayad Maia
Lucila Mara Sbrana Sciotti
Luís Américo Tousi Botelho

Gerente/Publisher: **Luís Américo Tousi Botelho**
Coordenação Editorial: **Verônica Pirani de Oliveira**
Prospecção: **Dolores Crisci Manzano**
Administrativo: **Verônica Pirani de Oliveira**
Comercial: **Aldair Novais Pereira**

Revisão: **Alexandre Rodrigues Alves**
Projeto gráfico, diagramação e capa: **Olívia Ferreira e Pedro Garavaglia/ Radiográfico**
Ilustrações: **Mathias Cremadez**
Impressão e acabamento: **Gráfica Visão**

Dados Internacionais de Catalogação na Publicação (CIP)
(Simone M. P. Vieira – CRB 8ª/4771)
_____

Bahiense, Raquel
    Falar bem para atender melhor / Raquel Bahiense, Alexandre Medeiros. –
São Paulo : Editora Senac São Paulo, 2022.

    Bibliografia.
    ISBN 978-85-396-3231-2 (impresso/2022)
    e-ISBN 978-85-396-2244-3 (ePub/2018)
    e-ISBN 978-85-396-2060-9 (PDF/2018)

    1. Comunicação   2. Comunicação verbal   3. Atendimento ao cliente
4. Linguagem corporal   I. Medeiros, Alexandre.   II. Título.

22-1470t   CDD – 469.81
                                                   BISAC LAN026000
_____

Índice para catálogo sistemático:
1. Comunicação verbal   469.81

Proibida a reprodução sem autorização expressa.
Todos os direitos reservados à
EDITORA SENAC SÃO PAULO
Av. Engenheiro Eusébio Stevaux, 823 – Prédio Editora
Jurubatuba – CEP 04696-000 – São Paulo – SP
Tel. (11) 2187-4450
editora@sp.senac.br
https://www.editorasenacsp.com.br

© Editora Senac São Paulo, 2022

NOTA DO EDITOR

Falar bem é requisito básico em qualquer relacionamento, seja pessoal ou profissional. Por isso, nas áreas de comércio e serviços, especialmente quando é preciso lidar com o público, a comunicação representa um diferencial de qualidade.

Partindo do pressuposto de que a capacidade de se comunicar é uma das ferramentas mais importantes para o atendimento, Raquel Bahiense, professora de língua portuguesa e redação, e o jornalista Alexandre Medeiros mostram neste livro a importância de falar bem para conquistar e manter clientes. E alertam: falar bem não significa apenas empregar termos corretos e seguir a estrutura da norma culta. É importante saber que cada situação exige uma postura, um vocabulário e um repertório linguístico próprios.

Em tom de conversa e com muitas narrativas divertidas, os autores tratam de temas centrais do atendimento: ser educado, respeitar as pessoas, por que se colocar no lugar do outro, a força da linguagem corporal e facial, as diferentes formas de falar, a atenção aos vícios de linguagem e erros gramaticais.

Participando do esforço de consolidação do Brasil como destino turístico privilegiado e da preparação para grandes eventos, o Senac São Paulo espera que este livro contribua para o aprimoramento dos profissionais que interagem com o público e ajudam a construir a imagem de nosso país.

SUMÁRIO

CAPÍTULO 1 | ANTES DE TUDO, SEJA EDUCADO — 6

OS RELACIONAMENTOS PEDEM EDUCAÇÃO E RESPEITO — 11
FORMAS DE TRATAMENTO QUE DÃO O TOM DA CONVERSA — 14
PARA CADA SITUAÇÃO, UMA APROXIMAÇÃO DIFERENTE — 17

CAPÍTULO 2 | GENTILEZA GERA GENTILEZA — 20

PEQUENOS GESTOS, GRANDES RESULTADOS — 24
ÀS VEZES É PRECISO SE COLOCAR NO LUGAR DO OUTRO — 27
OS GRANDES ALIADOS DA COMUNICAÇÃO — 28
EMPENHE-SE EM SER GENTIL — 30

CAPÍTULO 3 | A VOZ DO CORPO — 36

A LINGUAGEM CORPORAL — 39
EXPRESSÕES FACIAIS: OS SINAIS SÃO CLAROS — 45
SENSIBILIDADE E PERCEPÇÃO — 45
NOVAS SITUAÇÕES PODEM SER UM DESAFIO — 48

CAPÍTULO 4 | PARE, OLHE, ESCUTE — 52

APRENDER A OUVIR COM ATENÇÃO — 55
O SILÊNCIO PRODUTIVO — 57
A ARTE DE ATENDER AO TELEFONE — 59
AS INCONVENIÊNCIAS DO CELULAR — 64
COMO REGISTRAR UM PEDIDO — 65

CAPÍTULO 5 | AS DIFERENTES FORMAS DE FALAR — 68

CADA SITUAÇÃO EXIGE UMA POSTURA PRÓPRIA — 71
REGIONALISMOS, EXPRESSÕES TÍPICAS E GÍRIAS — 73
EXPRESSÕES DE TRATAMENTO — 76

CAPÍTULO 6 | A RIQUEZA DA NOSSA LÍNGUA — 80

DIFERENTES ESPAÇOS, DIFERENTES FALAS — 84
VÍCIOS DE LINGUAGEM — 84
   GÍRIAS — 87
   OUTROS EXEMPLOS DE VÍCIOS DE LINGUAGEM — 88
CONCORDÂNCIA VERBAL E NOMINAL — 89
   CONCORDÂNCIA VERBAL — 90
   CONCORDÂNCIA NOMINAL — 92

CAPÍTULO 7 | ANTES DE ENTRAR EM CAMPO, PREPARE-SE! — 94

DETALHES QUE FAZEM A DIFERENÇA — 99
BOA ARTICULAÇÃO NA FALA — 100
JOGO – PARA ATENDER MELHOR — 103

ÍNDICE DE ASSUNTOS — 108

REFERÊNCIAS — 111

No mundo atual, principalmente no mercado de trabalho, é necessário não só preparo técnico, mas também boa formação geral, que inclui desenvoltura na comunicação oral. Falar bem é requisito básico para todas as pessoas. Qualquer relacionamento, seja pessoal ou profissional, é baseado na comunicação. Para os profissionais que lidam com o público, a exigência de uma boa comunicação é ainda maior. A primeira regra é: educação. Para atender bem, é preciso tratar bem.

Existem inúmeras opções de cursos na área da comunicação: como falar em público, como ser um líder, como vender mais e por aí vai. Mas todos esses cursos valem muito pouco se esta regra básica não for seguida: tratar o outro com respeito e educação.

Parece óbvio! Mas não é bem assim. No dia a dia podemos nos deparar com muitas situações em que a boa educação passa longe. Quer um exemplo?

> > >

Depois de um dia pesado de trabalho, o chaveiro João Lima, conhecido no bairro como "seu Lima", fechou o quiosque e foi ao mercado para fazer a compra do fim de semana. Início de noite de sexta-feira, mercado lotado, e seu Lima não achou na prateleira de carnes os três quilos de maminha de alcatra para o churrasco de sábado. Ele se aproximou de um funcionário do açougue que fazia reposição e perguntou:

> — Boa noite, companheiro. Você trabalha no açougue, né? Eu queria levar três quilos de maminha de alcatra, mas não achei aqui.
> Pode ver se tem lá dentro pra mim, por favor?

Sem tirar os olhos do que estava fazendo, o funcionário respondeu:

— O que tem tá aí – e apontou a prateleira praticamente vazia.

Seu Lima perdeu a calma e protestou em voz alta:

— Olha aqui, companheiro. Eu trabalhei o dia todo, provavelmente como você, mas lhe fiz uma pergunta com educação. E você responde desse jeito, sem nem olhar pra mim? É assim que se trata um cliente?

Para piorar a situação, o funcionário mandou esta:

— Ih, tá estressado, coroa?

— Vem aqui, seu moleque, e eu te mostro quem é coroa! – esbravejou o seu Lima, com dedo em riste a um palmo do nariz do funcionário.

Com o alvoroço, o gerente do mercado se aproximou, mandou que o funcionário fosse para dentro e tentou acalmar o seu Lima:

— Boa noite, senhor. Tente se acalmar. Posso ajudá-lo?

— Claro que pode. Eu quero levar três quilos de maminha de alcatra e pedi ao funcionário que visse lá dentro, porque na prateleira não tem. Ele nem olhou pra mim pra responder e ainda me chamou de "coroa". Eu sou cliente deste mercado há muitos anos e mereço ser tratado com educação. É o mínimo que a gente pode exigir: ser tratado com educação – disse o chaveiro, recebendo o apoio de outros clientes que estavam por perto.

O gerente pediu que seu Lima aguardasse um instante, foi até o estoque e trouxe os três quilos de maminha de alcatra já empacotados:

— Aqui está o seu pedido, senhor. Peço desculpas pelo ocorrido. O funcionário não atendeu o senhor com o devido respeito, mas isso não vai mais acontecer.

Já mais tranquilo, Seu Lima agradeceu e deu até um tapinha no ombro do gerente. Mas será que para garantir o churrasco de sábado ele precisava ter passado por esse estresse?

<<<

OS RELACIONAMENTOS PEDEM EDUCAÇÃO E RESPEITO

Tratar o outro com respeito e educação não é somente falar "senhor", "companheiro" ou "doutor", como muitos pensam. Ser educado é saber se comportar conforme a situação. É ser claro, solícito e gentil, sem ser tolo. Responder a um cliente sem ao menos olhar para ele, como fez o funcionário do mercado, é um desrespeito, não é?

Algumas pessoas acreditam que somente os que cursaram boas escolas são "educados". Nada disso! Podemos ser pobres ou ricos, ter cursado escolas particulares ou públicas, ou até não ter tido a oportunidade de estudar, mas temos a obrigação de tratar bem o outro. É uma questão de respeito às pessoas.

Certamente você já presenciou um profissional sendo grosseiro com uma pessoa em público. Como é feio! Todos olham. Todos percebem. Que recepcionista é esta? Que comerciante é este? Que garçom é aquele?

Cursos e atualizações são bem-vindos para o aperfeiçoamento profissional. Muito estudo, leitura e atenção também. Mas, para obter sucesso na carreira, é preciso ser uma pessoa educada. Este é o primeiro passo.

A pressa, a rotina, o volume de trabalho, a falta de atenção aos detalhes impedem, muitas vezes, que sejamos compreendidos, ou pior, fazem com que sejamos mal-interpretados. Lidar com público não é tarefa para todos. É preciso relacionar-se com elegância, de forma amável, enfim, com educação e respeito. É preciso ter boa vontade.

Como conseguir isso? Vamos a algumas regras básicas?

DOUTOR, MADAME

Chamar alguém de madame ou de doutor não é recomendável. Quando se dirigir a alguém, use senhor ou senhora. Nada de "Madame, o elevador não para nesse andar", e sim "Senhora, este elevador só para nos andares ímpares. Tome o do lado, por favor". Nada de "Doutor, seu cartão de crédito", e sim "Senhor, seu cartão de crédito". Madame vem do francês e lá pelo século XVIII era usado como forma respeitosa e significava "minha dama" (*ma dame*). Mas o sentido das expressões muda com o tempo. Entre nós, hoje em dia, chega a ser pejorativo quando chamamos uma mulher de madame: a expressão se tornou sinônimo de alguém que não trabalha e é fútil.

OBRIGADA/OBRIGADO

Agradeça sempre. Se alguém faz uma gentileza, um "Obrigado" é muito importante. Mesmo que seja a tarefa do outro, agradeça! Fale "Obrigado" ao porteiro que espera você entrar antes de fechar a porta do elevador. Agradeça ao empacotador do supermercado, quando ele organiza suas compras nas sacolas. Mas atenção: as mulheres usam "Obrigad**a**" e os homens, "Obrigad**o**".

NÃO, OBRIGADA/SIM, OBRIGADA

Deixe clara a sua intenção. Ao responder uma pergunta, dizer simplesmente um "Obrigado" pode confundir o outro. O melhor é "Sim, obrigado" ou "Não, obrigado". E atenção: "Obrigada eu" não existe. Se quiser, melhor dizer: "Eu é que agradeço".

COM LICENÇA?

Vai passar por alguém no corredor apertado? Vai entrar no elevador lotado? Vai pegar o produto na gôndola do supermercado e bem em frente tem alguém? Em todos esses casos, use "Com licença". Pense em quantas situações deveríamos pedir licença e não o fazemos? Por que será? Só porque a maioria não faz e você fica sem graça de ser educado? Acha que vão olhar para você? Acredite: não pedir licença é falta de educação.

POR FAVOR

Por que será que algumas pessoas acham que pedir "por favor" é desnecessário? Como soa grosseiro um pedido sem essa expressão! Infinitamente melhor um "Pode me dar um copo de água, por favor?" em vez de um seco "Pode me dar um copo de água?". Ou "O senhor pode aguardar na fila, por favor?" é muito mais educado do que o simples "O senhor pode aguardar na fila?". Seja gentil.

CRIANÇAS E PESSOAS IDOSAS

Nunca é demais lembrar uma regra que é de conhecimento de todos: pessoas idosas (e não velhas, coroas, tio, tia ou vovôs) e crianças têm preferência. Atenda-as primeiro.

PESSOAS EDUCADAS FALAM BAIXO

Não grite. O andar todo não precisa saber que você chegou. Nem que vai sair mais cedo. A mesa ao lado não precisa ouvir sua conversa. Seja mais discreto.

FEZ ALGO ERRADO, PEÇA DESCULPAS

Deu alguma informação incorreta, desculpe-se! Equivocou-se com a data de recebimento do material, desculpe-se! Enganou-se com o pedido do cliente, outra situação para você usar e abusar das desculpas.

DIGA A VERDADE

Se o cliente pede um par de tênis número 41 e não há no estoque, não minta. Diga a verdade. É sempre melhor do que trazer um número 42 "para ver se serve". Caso saiba que a mercadoria está para chegar, acrescente essa informação ao atendimento. Sugira outras opções para o cliente, mas não tente empurrar outro produto.

SEJA PONTUAL

Se você trabalha de 8 às 18 horas, chegue uns dez minutos antes. É o tempo suficiente para lavar as mãos e tomar um cafezinho para começar o dia.

FORMAS DE TRATAMENTO
QUE DÃO O TOM DA CONVERSA

Algumas pessoas são educadas, ou tentam ser, mas em algumas situações se confundem. Não acertam o tom. Não sabem se dirigir a um senhor de idade, como o Seu Lima, por exemplo. Será que "meu velho" ou "meu tio" cabem numa conversa? Ao percorrer com um grupo de adolescentes as maravilhas do Nordeste, não seria simpático o guia turístico chamar a turma de "rapaziada"?

A resposta é "não" para esses dois casos. Para começar, não é educado forçar intimidade com quem você acaba de conhecer. Intimidade é coisa que se adquire com o tempo, não é mesmo? Então jamais chame alguém que não conhece de "querida", "meu bem", "amor", "fofinha" ou chamegos afins. Em alguns casos, pode até parecer uma "cantada", e isso não vai pegar nada bem. Em outras situações, chega a ser grosseiro. Olhe só este caso:

> > >

Era o primeiro dia do João Paulo como ajudante de salão na pensão da dona Corina, de comida honesta e preço em conta. Estavam lá os funcionários do Banco do Brasil, a turma dos Correios, as amigas aposentadas que se reuniam na mesa do fundo e alguns solitários e fiéis clientes da Corina, uma senhora baiana de sorriso tão vasto quanto seus dotes culinários. Os solitários eram os clientes mais exigentes, pois queriam que a própria Corina viesse atendê-los, quando sempre passavam alguma recomendação do tipo "O feijão é mais caroço do que caldo, a senhora já sabe, né?". Enfim, era a clássica "pensão familiar", onde, ao menos de vista, todos se conheciam. Todos menos o estreante João Paulo.

Bem que dona Corina tentou dar algumas instruções:

— Nada de fazer gracinha com as meninas do banco, hein? É tudo moça trabalhadora e não tem tempo

pra brincadeira, o horário de almoço é curto. As
senhoras lá do fundo, nada de chamar de vovó,
minha tia, nada disso. É tudo "a senhora quer mais
um pedaço de bolo", e assim vai. Tenta relaxar, aos
poucos você vai conhecendo todo mundo. Daqui a
alguns dias já estão até te chamando pelo nome.

Uma boa patroa, a dona Corina. Tentou passar as instruções básicas,
mas aí a clientela foi chegando, os pedidos de entrega em domicílio começaram a ocupar o telefone, e o João Paulo, de uma hora para outra,
acabou engolido pela correria do salão.

Até que no início foi bem. Antes de recolher os pratos e copos usados
nas mesas, dizia "Com licença, posso retirar?" Se um cliente pedia o cardápio, já estava com um na mão para oferecer. Mas talvez o "tenta relaxar"
recomendado por dona Corina tenha sido demais para ele. Com seus 18
anos, "tentou relaxar" com um cliente que lhe pareceu simpático. E aí
apontou as baterias para um homem de seus 40 e poucos anos, sozinho
numa mesa do canto. Ao ver que o cliente estava de copo vazio, não pensou duas vezes:

— E aí, bebe alguma coisa, parceiro?

Com o garfo cheio a meio caminho entre o prato e a boca, o cliente parou o braço no ar, olhou João Paulo de cima a baixo e respondeu secamente:

— Não sou seu parceiro. Se eu quiser alguma coisa,
chamo o senhor – e o homem voltou à rabada com
polenta e agrião que lembrava a de sua saudosa avó.

De tão sem graça, o João Paulo saiu de fininho.

< < <

Que mancada a do João Paulo, hein? Foi "tentar relaxar" e deu no que
deu... Vamos dar o desconto de ele ter só 18 anos, ser o primeiro dia do
emprego, mas a abordagem foi ruim, não foi?

Quer ter uma relação respeitosa com seu cliente? Primeiro se apre-
sente – diga o seu nome – e depois pergunte o dele. Simples assim. E nada
de "Qual é a sua graça?", pois nem todos entendem. Alguém pode até
achar que você está fazendo piada.

Ser elegante sem ser formal em excesso não é fácil. O tom correto entre a formalidade e a informalidade é delicado.

É típico dos mais jovens, como o João Paulo, chamar uma pessoa mais velha de "você". Pode? É permitido? É educado? O primeiro passo, quando não conhecemos o outro, é chamá-lo "senhor" ou "senhora". O mais velho é que dá o tom da conversa. Ele ou ela podem simplesmente concordar com o tratamento mais formal ou dar o sinal para uma conversa mais descontraída. Alguns chegam a falar: "Pode me chamar de você, por favor", ou "Não há necessidade de me chamar de senhor".

Devemos primeiro ser mais cerimoniosos e só com o tempo e a convivência avançar para uma forma mais descontraída de tratamento. "Parceiro" ou "bródi" (expressão que vem do inglês *brother* e quer dizer irmão), logo de cara, nem pensar. Do mesmo modo, é extremamente deselegante se referir a alguém por alguma característica marcante – como "velho", "careca", "gordo", "magrela" e outras.

Quais as principais e mais usadas formas de tratamento? Vamos ver?

SENHOR, SENHORA

Duas elegantes e educadas maneiras de comunicação no trabalho. Na forma oral ou escrita, são simpáticas e recomendáveis.

VOSSA EXCELÊNCIA

Usada para chefes do Executivo (presidentes, governadores, prefeitos), ministros de Estado, senadores, deputados, vereadores, desembargadores e embaixadores.

VOSSA MAGNIFICÊNCIA

Forma de tratamento para se referir a reitores de universidades.

VOSSA SENHORIA

Empregada para diretores de autarquias federais, estaduais e municipais e patentes militares (exceto de coronéis até generais, em que se usa Vossa Excelência). Frequente também na correspondência comercial.

VOSSA MERITÍSSIMA

Para juízes de Direito.

VOSSA REVERENDÍSSIMA

Para sacerdotes.

PARA CADA SITUAÇÃO, UMA APROXIMAÇÃO DIFERENTE

Há um ditado popular bem adequado ao que estamos falando sobre como ser educado ao atender alguém: "Ninguém nasce sabendo". É isso mesmo, é possível aprender a ser educado, ficar atento às regras básicas da boa educação. Observe as pessoas que você considera educadas – já será um importante aprendizado. Por acaso elas cumprimentam a quem não conhecem com expressões do tipo "e aí, meu irmão, tudo em cima?". Claro que não, não é?

Voltemos ao caso do "você". Lembre que esse pronome só deve ser usado se conhecer seu cliente já há algum tempo. Mesmo assim, cuidado. Algumas pessoas preferem um relacionamento profissional mais formal. E como é o cliente quem dá o tom da conversa, se mesmo com anos de relacionamento ele não deu a abertura para que seja chamado de "você", use sempre "o senhor" ou "a senhora".

Se for uma pessoa mais jovem, não há problema. O "você" pode ser mais adequado. Algumas empresas, no entanto, levam tão a sério essa questão do cumprimento que você certamente já ouviu alguém chamando um adolescente de "senhor", nem que tenha sido em cenas de filmes estrangeiros.

Por outro lado, às vezes uma mulher de 40 anos não gosta de ser chamada de "senhora", que seria o tratamento recomendado. É uma questão de sensibilidade. Se insistir em usar "senhora" e perceber um desconforto ou até certo constrangimento da cliente, mude para o "você", sem problema.

Tudo vai depender da situação, e você tem que ter a sensibilidade para se portar da melhor maneira. Usar o "você" no lugar do "senhor" ou "senhora" não é um desrespeito. Assim como tratar alguém como "doutor" não significa que o outro seja mais importante ou superior a você.

Aliás, por falar em "doutor", esta é uma forma normalmente usada para médicos e advogados, mas que tem seu uso original ligado a quem possui o doutorado, que é o mais alto grau da vida acadêmica (universitária). É só um registro, porque chamar alguém de "doutor" – a não ser que se saiba tratar-se de um médico ou um advogado – não é o ideal. Mais uma vez, o mais simpático, educado e adequado é "senhor" ou "senhora".

Mesmo diante de alguma dificuldade, não deixe de ser educado. Se você trabalha com atendimento ao público, em uma farmácia, por exemplo, e percebe que o balcão está com muitas pessoas para serem atendidas, mantenha a calma. Se você está atendendo um cliente, pode muito bem pedir licença e dizer ao próximo da fila que ele será atendido em instantes. Algo como "Só um minutinho, por favor, já vou atendê-lo". Com essa iniciativa, os clientes se acalmam e esperam a vez com mais paciência. O que não faz um pouco de boa educação, não é?

Às vezes, nem é preciso falar. Algumas expressões faciais são bem-vindas neste momento: um leve sorriso, olhar nos olhos do cliente, um olhar simpático, receptivo, isso ajuda muito. Vamos tratar disso mais adiante, mas não custa adiantar: às vezes o corpo "fala" de outras formas, por meio de gestos e sinais.

Por fim, algumas palavras ou expressões também auxiliam muito na comunicação oral, seja em que situação for. Que tal um "posso ajudar?" Ou se apresentar assim: "Boa tarde, meu nome é Ana, seja bem-vinda. Se precisar de ajuda é só me chamar".

Para ser educado, portanto, fique atento aos bons exemplos à sua volta. Às pessoas educadas, à sua própria postura ao atender, à fisionomia do cliente. Quem tem a lucrar é você!

BULA DO CAPÍTULO

TRATAR O CLIENTE SEMPRE COM EDUCAÇÃO.

USAR DE PREFERÊNCIA "SENHOR" OU "SENHORA" COMO FORMA DE TRATAMENTO.

JAMAIS APARENTAR INTIMIDADE COM ALGUÉM QUE VOCÊ NÃO CONHECE.

OLHAR SEMPRE PARA O CLIENTE QUANDO SE DIRIGIR A ELE.

MANTER A CALMA EM SITUAÇÕES DIFÍCEIS.

FICAR ATENTO ÀS REAÇÕES DO CLIENTE.

PARA PENSAR

O que você faria no lugar do funcionário que atendeu o seu Lima no mercado, se estivesse começando a trabalhar e não soubesse informar de pronto se havia a mercadoria que o cliente procurava? Ou até mesmo se soubesse que a entrega da carne tinha atrasado e não havia a peça pedida no estoque?

Você percebeu que, depois de chamar o cliente de "parceiro" e ouvir uma resposta atravessada, o João Paulo saiu de fininho sem nem pedir desculpas? No lugar dele, você se desculparia? Ou não? Você achou a reação do cliente exagerada?

Para começar, um pouquinho de história.

Provavelmente você já ouviu – ou talvez tenha lido em camisetas ou em muros de sua cidade – a seguinte frase: "Gentileza gera gentileza". De onde ela surgiu? Você sabe?

É uma bonita história, mas começou com uma tragédia: em 17 de dezembro de 1961, um incêndio no Gran Circus Norte-Americano, em Niterói (RJ), provocado por um empregado que tinha sido demitido do circo, matou mais de 500 pessoas, a maioria crianças. Foi uma comoção na época, um drama que mobilizou a sociedade às vésperas do Natal.

Empresário do setor de transporte de cargas em Guadalupe, subúrbio do Rio, José da Trino mudaria sua vida a partir daquela tragédia. Deixou a família e os negócios para trás e se mudou para o local do incêndio, plantando flores nas cinzas e criando um jardim.

Tido como louco por alguns, como profeta por outros, José da Trino dizia ter recebido uma missão divina e passou a viver como um andarilho. Vestido com uma túnica branca coberta com mensagens de amor, cabelos longos, barbas brancas, levava um estandarte na mão, bordado com flores e a bandeira do Brasil. Costumava circular pelas barcas Rio-Niterói oferecendo flores a todos. Dizia: "Não precisa pagar nada. É só pedir por gentileza. É só dizer agradecido".

Passou a ser conhecido como José Agradecido ou, mais ainda, como Profeta Gentileza. A partir de 1980, escolheu um canto escuro da cidade do Rio de Janeiro para deixar sua mensagem. Debaixo do Viaduto do Caju, nas proximidades da Rodoviária Novo Rio, ele pintou, em 55 pilastras, mensagens em verde e amarelo sobre fundo branco, onde pregava um mundo mais cordial. Ele usava uma escada de madeira para pintar no alto das pilastras, e isso facilitava a leitura pelos passageiros dos ônibus.

Louco ou não, deixou sua mensagem por um mundo mais fraterno e gentil. Faleceu em 1996, aos 79 anos. Gentileza não gostava que as pessoas pedissem "por favor", e sim "por gentileza", já que todos deveriam se relacionar por amor e não por favor. Também não gostava que agradecessem com "obrigado", mas com "agradecido", pois ninguém deveria ser obrigado a nada. Isso fazia – e ainda faz – o maior sentido!

Em 1997, a prefeitura do Rio mandou cobrir com cal as suas inscrições. Dois anos depois, por iniciativa da Universidade Federal Fluminense (UFF), as inscrições foram restauradas. Gentileza foi tema de estudos acadêmicos, inspirou canções – Marisa Monte e Gonzaguinha foram dois artistas a homenageá-lo –, virou até enredo de escola de samba.

A frase que dá título a este capítulo e que se tornou o lema do profeta tinha, segundo o próprio autor, a seguinte explicação: "Deus-Pai é Gentileza, que gera o Filho por Gentileza. Por isso, Gentileza gera Gentileza". A mensagem do profeta é a essência do que veremos aqui: tratar bem o outro é tratar com gentileza.

PEQUENOS GESTOS, GRANDES RESULTADOS

Se você recolhe a sujeirinha do seu cachorro na rua, se atravessa na faixa de pedestres, se não estaciona em vaga reservada para as pessoas com deficiência, se dá bom-dia para o segurança que trabalha na porta do banco, você é uma pessoa gentil.

E se você atentar para esses pequenos gestos, perceberá que não está sozinho nisso. Ao se preocupar com o outro, certamente encontrará pessoas se preocupando com você também. Há muitos que se empenham em manter as ruas limpas, os que param o carro antes da faixa de pedestres para dar passagem; há os que respeitam vagas especiais e os que sempre cumprimentam educadamente.

Assim funciona a sociedade. Gentileza gera gentileza.

Se à porta do banco você espera uma pessoa desconhecida entrar para só depois sair, esse gesto simples poderá levar aquela pessoa agraciada com sua gentileza a ceder a vez numa situação semelhante. E se a pessoa que você deixou entrar lhe disser um "Obrigado" ou um "Agradecido", sorria em retribuição, ou diga: "De nada". A gentileza vai ficar ainda mais completa.

Dizem que pessoas gentis têm mais saúde; portanto, morrem mais tarde. Transmitem amor, são mais amadas e mais produtivas (com melhores empregos e bons salários). Sendo gentil no trabalho e na vida, você não só pode fazer de sua rotina algo mais leve e agradável, como também pode evitar problemas. Leia esta história:

> > >

"Este ventilador não ventila nada", pensou com seus botões o Gabriel, mais conhecido na Padaria São Jorge como Bochecha. De físico avantajado, o rosto redondo, ele era atendente do setor de frios, que fica bem ao lado do balcão de pães. Sempre que saía uma nova fornada, principalmente de manhã cedo, a temperatura interna do Bochecha aumentava, e seu rosto redondo começava a suar. Não havia ventilador que desse jeito. Andava com uma toalha de mão pendurada no ombro, que nem diretor de harmonia de escola de samba. Era um sufoco.

A padaria tinha fama construída ao longo de décadas no bairro: pão quente a cada 15 minutos de 6h às 10h e frios fatiados na hora. Assim que a padaria abria a porta, lá vinha a turma: "Uma dúzia pra mim", gritava um. "Pra mim é só meia, os mais moreninhos", pedia outro. Como eram dois cestos grandes e dois atendentes, a fila do pão andava rápido. Mas o Bochecha controlava sozinho a máquina de fatiar.

A cena já era conhecida: a fila do pão ia diminuindo e a dos frios, aumentando. Até a segunda ou terceira fornada, o Bochecha ainda dava bom-dia de livre e espontânea vontade. Mas, depois disso, baixava a cabeça e só queria se livrar da fila o mais rápido possível. Mal respondia quando lhe cumprimentavam e, se chegasse um freguês com pedido complicado – algo fora do padrão "presunto, queijo prato, mortadela" –, ele chegava a suspirar. Já respondia com fastio: "Pastrami? Vou ver se tem..."

O dono da padaria já tinha recebido reclamação de cliente por conta do mau humor do Bochecha. O problema é que, além de gostar muito do funcionário, o comerciante não tinha capital para comprar outra máquina de corte. Então, lá do caixa, ficava sempre olhando o relógio até que soassem as dez badaladas, porque aí o movimento diminuía e o Bochecha voltava à sua temperatura e ao bom humor naturais.

Certa manhã, quando tudo parecia se encaminhar para o sufoco de sempre, uma das meninas do balcão de pães passou mal e teve que ser substituída pela Sandra, do setor de doces. Ela mal tinha contato com o Bochecha, trabalhava no balcão do lado oposto da padaria, bem debaixo da imagem de São Jorge. Logo de cara ela ficou preocupada com o colega: "Você tá passando mal?". "Não, eu sou assim mesmo", retrucou o Bochecha, sem tirar os olhos da máquina. Trabalharam até 10h, lado a lado, a Sandra vendo a cara de birra dos clientes na fila dos frios e o Bochecha enxugando o suor do rosto com a toalhinha.

Acabado o período do pão a cada 15 minutos, Sandra voltou ao balcão de doces. Na hora de sair para o almoço, ela passou perto do Bochecha e disse: "Antes de ir embora, você me espera? Tive uma ideia e quero te contar". O Bochecha esperou a Sandra para irem juntos até o ponto de ônibus.

No caminho, ela contou seu "plano": "Você é muito bom no que faz, corta 200 gramas de mortadela e a gente nem vê! Mas já reparou a cara dos clientes na sua fila?", disse ela. E o Bochecha: "Não, eu não tenho tempo pra isso. Se for parar pra olhar e conversar, a fila só aumenta". Aí a Sandra deu a grande dica: "Pois esse é o problema. Você deixa todo mundo irritado que nem você. Custa dar um bom-dia, um sorriso pro cliente, pedir paciência pra quem está esperando na fila? Por que você não experimenta, Gabriel?".

"Gabriel..." A Sandra chamou o Bochecha pelo nome, coisa que só a mãe dele fazia... No ônibus de volta para casa, ele foi pensando naquele conselho. "Quem sabe, não é?"

No dia seguinte, antes de a padaria abrir, a Sandra notou que algo tinha mudado no Bochecha. Parecia mais confiante e até acenou com a toalhinha para ela quando a primeira fornada saiu. Teve cliente que estranhou a simpatia do Bochecha. "Bom dia, senhora, 150 gramas de presunto saindo! Posso ajudar em algo mais?", ele dizia. Em outros tempos, o pedido daquele senhor seria de amarrar a cara: "São 200 de peito de peru sem casca e 200 de pastrami". Bochecha mandou esta: "Pois não, senhor, só um instante". E, dirigindo-se ao cliente seguinte da fila, emendou: "Aguarde só um instante que o senhor já será atendido". Isso com um sorriso no rosto depois de cada frase.

A fila foi andando em seu ritmo habitual, mas o Bochecha é que estava inaugurando outro ritmo para o seu trabalho: com mais gentileza, mais cordialidade, mais atenção aos clientes.

Quando o relógio marcou 10h, Bochecha respirou fundo. Olhou para a Sandra lá do outro lado do balcão e sorriu. Ela também.

<<<

ÀS VEZES É PRECISO SE COLOCAR NO LUGAR DO OUTRO

Você já deve ter vivenciado situações em que uma pessoa não percebe quando as opiniões faladas em determinado tom não agradam o grupo; ou você mesmo pode ter sido o único a gargalhar de sua própria piada – ninguém mais achou graça! Nas relações pessoais, é melhor prestar atenção nos que estão ao redor e perceber se está faltando ou não empatia entre você e os outros. Quando um bom clima se estabelece, a comunicação flui melhor.

Ter empatia é perceber o outro, é colocar-se no lugar do outro. Como a Sandra fez com o Gabriel na padaria. Entre os dois, com certeza, "rolou" a maior empatia. E mais: a Sandra conseguiu se colocar no lugar do amigo e ainda foi generosa ao ajudá-lo a resolver um problema.

Se você é um vendedor, por exemplo, deve ficar atento aos mínimos sinais emitidos pelo cliente. Esse estado de espírito que permite a você se identificar com outra pessoa é o que chamamos de empatia. Para qualquer forma de atendimento ser satisfatória, a empatia tem que estar presente.

Na comunicação oral, ser gentil com o cliente, procurar perceber a empatia que se estabelece no diálogo e ter uma atitude de acolhimento são condições básicas para obter um bom entendimento.

No trabalho e na vida de modo geral, ser acolhedor é uma atitude que pode guiar nossos passos. Está lá, em todos os dicionários: acolher é abrigar, amparar, proteger. Já percebeu que, nas nossas relações sociais, sempre nos aproximamos daquele que é mais acolhedor, mais receptivo?

Se, no ambiente de trabalho, duas pessoas discutem e você consegue ouvi-las separadamente e de forma imparcial, você sabe acolher. Se em algum momento você percebe que um colega de trabalho está em apuros e se dispõe a ajudá-lo, essa é uma atitude de acolhimento.

Imagine o contrário: você em uma situação difícil no trabalho e um colega lhe dá um bom conselho, um abraço, um sorriso encorajador? Ora, tão bom quanto acolher é ser acolhido. E tenha certeza: quem bem acolhe sempre será bem acolhido.

OS GRANDES ALIADOS DA COMUNICAÇÃO

Você certamente já passou pela péssima experiência de ser mal atendido em uma loja ou em um restaurante, por exemplo. O que mais o marcou? Qual imagem ruim, desagradável, negativa, ficou na sua mente?

Pode ter sido o mau humor dos outros.

Em um banco, no guichê do metrô ou até na praia... Como o mau humor atrapalha! Como causa má impressão! Como prejudica as relações!

Em compensação, tente se lembrar dos melhores atendimentos. Pode ter sido na lanchonete, na bilheteria de um cinema, na padaria da esquina, sempre nos lembramos do sorriso de alguém que nos tratou bem.

Sorriso nos lábios, bom humor, expressões faciais suaves: essa é a fórmula para conquistar um cliente! Uma fórmula gratuita e fácil de aprender. Não viu o Gabriel, da Padaria São Jorge? Com a mudança de postura dele no balcão de frios, certamente os clientes agora não reclamam mais e saem satisfeitos da padaria.

De acordo com estudos, as expressões faciais são "uma linguagem universal da emoção". Por meio delas percebemos o medo, o desconforto diante de uma situação, a dúvida, algum ressentimento, ou mesmo se uma pessoa está cansada.

Trabalhar as expressões faciais a nosso favor é uma das formas para obter sucesso nas relações, especialmente nas de trabalho. Algumas são clássicas e o outro percebe imediatamente. São expressões que indicam sentimentos:

DESPREZO

Ao franzirmos o nariz e a boca simultaneamente, o que passamos é sempre algo negativo. Alguém lhe oferece uma comida exótica. Você a experimenta e faz esse gesto. Nem precisa falar nada. O outro já entendeu que você detestou!

RAIVA

Crispe os lábios até ficarem rígidos e os una quase como um bico. Olhe-se no espelho. A raiva está na cara, não? E se puxar os músculos da testa para baixo? Bom... Aí é guerra!

DEBOCHE

Nada pior que o sorriso sarcástico, que damos por obrigação. É aquele com os lábios cerrados, juntos, e que mal se movem. O rosto praticamente não se mexe.

DESDÉM

Se o outro fechar a boca e levar os lábios só para um lado, é melhor levantar-se e ir embora.

O rosto é nosso cartão de visitas, por isso cuidamos tanto dele: protetor solar, cremes, barba benfeita, horas justas de sono, limpeza de pele, um olhar sincero e um sorriso franco.

Dizem que a primeira impressão é a que fica. Por isso, seja cuidadoso. Fique atento para não demonstrar sentimentos negativos, como submissão, ódio ou desprezo. Aliás, cultivar esses sentimentos não faz bem a ninguém.

E a impaciência estampada no rosto? Tem coisa pior? Sobrancelhas arqueadas, suspiros vários e o olhar para os cantos. Não é desagradável estar ao lado de alguém assim?

O sorriso aberto e franco é um instrumento valiosíssimo. O outro se sente amparado, bem-vindo. O sorriso rompe barreiras, diminui o estresse e a má vontade entre as pessoas.

Ter bom humor é outro aliado na nossa vida familiar, social e profissional. Está provado que o bom humor faz você...

- Ter mais esperança.
- Ficar mais flexível diante da vida.
- Ser bem-vindo nos lugares.
- Conquistar amizades com mais facilidade.
- Lidar melhor com o estresse.
- Adoecer com menos frequência.

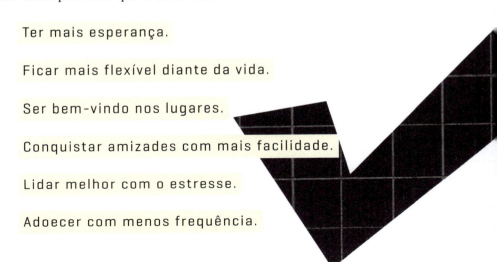

Recuperar-se dos "baques" da vida.

Melhorar a memória.

Focar sua atenção nos resultados positivos.

EMPENHE-SE EM SER GENTIL

Seja você um estudante, um profissional liberal, uma recepcionista ou um gerente, ser educado é o primeiro passo para uma boa comunicação. E ser gentil com o outro é ingrediente básico da boa educação. Expressões como "com licença", "por favor", "obrigada", "por gentileza" devem fazer parte de seu vocabulário diário.

Em qualquer local de trabalho, seja uma cozinha industrial, um escritório ou a sala de um consultório, convivemos com pessoas de diferentes classes sociais. Nem todos tiveram a oportunidade de receber uma boa educação. Mas nunca é tarde para mudar para melhor! E sempre é tempo de observar alguns comportamentos nada agradáveis e procurar não repeti-los.

Algumas pessoas são ríspidas no trabalho, tratam os clientes sempre da mesma forma, sem atentar para o fato de que alguns necessitam de mais atenção, seja porque são mais velhos, ou porque passam por alguma dificuldade. Veja este caso.

> > >

O termômetro digital marcava 39 graus, mas a sensação térmica passava dos 45. Três da tarde, horário de verão. A fila do guichê do Departamento de Trânsito parecia a do banco em dia de pagamento do INSS: fazia até curva. Amparado por duas muletas, o pé direito engessado e sem poder tocar o chão, Eduardo Torres esteve a ponto de desistir. Seus 55 anos pesavam mais uma década debaixo daquele sol de dezembro e sob o esforço de andar de muletas. Chegou perto do guarda na entrada do posto e perguntou:

— Por gentileza, pra renovar a carteira de...

Nem teve tempo de completar a pergunta. Sem olhar para Eduardo, o guarda apontou a fila imensa:

— É ali mesmo, tio.

Com seu gesto mecânico, o guarda nem percebeu que o cliente estava de muletas. Ou então achou que era um "golpe" para furar a fila. Ainda deu um sorriso de desdém enquanto Eduardo se afastava.

Renovar carteira de motorista às vésperas das festas de fim de ano, com o posto do Departamento de Trânsito apinhado de gente, já era tarefa inglória para qualquer ser humano em boas condições físicas. Mas para alguém de muletas era um calvário. Eduardo tinha planejado fazer isso em novembro, mas o acidente adiou os planos. Agora a carteira estava vencida e ele só poderia dirigir nas férias planejadas para o fim de janeiro com duas condições: tirar o gesso, como o médico lhe prometera para a primeira semana do ano-novo, e renovar a carteira. Por isso esta cena: ele em pé, na posição número 22 da fila, em pleno dia 20 de dezembro.

Uma moça que estava dois lugares à frente de Eduardo comentou:

— É um absurdo o senhor esperar de pé. Deviam ao menos lhe dar um banquinho pra sentar.

Eduardo agradeceu a preocupação, mas nem havia funcionário do posto disponível para arranjar o tal banquinho. Estavam todos atolados de trabalho. Menos o guarda da porta de entrada, mas com este Eduardo já tinha tido uma experiência sem muita empatia...

Foram longos 40 minutos. Eduardo suava em bicas. E o que era desconforto virou dor. Quando finalmente chegou a sua vez, a moça do guichê, cujo rosto ele só via por um buraquinho no vidro fumê, recolheu a carteira vencida e perguntou:

— O senhor trouxe o exame de vista?

Eduardo ficou até tonto. Talvez fosse o calor, a dor, a pergunta. Ou tudo junto. Respondeu, lívido:

— Não, senhora.

A moça parecia ter feito o mesmo curso de "boas maneiras" que o guarda da porta de entrada. Sem olhar para Eduardo, devolveu o documento dizendo:

— Então o senhor não pode dar entrada na

renovação. Tem que trazer o exame de vista. Aqui
está uma lista com os consultórios credenciados,
tem que ser um desses, senão o atestado não é
válido. Com o resultado do exame, o senhor dá
entrada e aí aguarda cinco dias úteis pra pegar
a carteira nova. Mas agora vai todo mundo entrar
em recesso, o senhor só vai poder marcar o exame
depois de 5 de janeiro. Mais alguma pergunta?

Eduardo viu suas férias indo pelos ares. Num ataque de fúria, empunhou a muleta direita como se fosse uma espada e gritou:

— É um absurdo. Eu fico 40 minutos em pé nessa
fila e a senhora vem me dizer que eu não posso dar
entrada na renovação? A senhora acha que sou
palhaço?

O guarda já estava a caminho, mas antes dele um funcionário que fazia a vistoria anual num carro se aproximou e tentou acalmar os ânimos:

— Calma, meu senhor, vamos tentar resolver.
Se acalme, por favor.

O rapaz conseguiu um banco para o cliente. Já mais calmo, Eduardo tomou um copo d'água e agradeceu ao funcionário a atenção. Antes de retornar à vistoria, o rapaz ainda disse:

— Fim de ano é fogo, todo mundo corre pra resolver
tudo. Mas não se preocupe, o senhor faz o exame
de vista logo no início de janeiro e dá entrada na
renovação. O resultado do exame o senhor pega
na hora. Daí são só cinco dias pra liberarem o
documento. É o tempo do senhor tirar esse gesso e
poder dirigir, né? Foi na pelada de fim de semana?

Eduardo riu. O rapaz parecia um velho conhecido no meio daquela tarde infernal.

— Antes fosse... Foi um tombo em casa mesmo.
Tô ficando velho...

$<\,<\,<$

Nem todo mundo está preparado para lidar com o público. Neste exemplo, tanto o guarda quanto a moça do guichê mostraram despreparo para atender bem o Eduardo, que ainda por cima estava com dificuldades de locomoção, o que o colocaria na condição de atendimento prioritário.

Não fosse o rapaz da vistoria, que nem estava diretamente ligado ao trabalho do guichê, o resultado da explosão de fúria do cliente poderia ter sido grave. O funcionário que saiu do seu posto para contornar a situação foi acolhedor e gentil.

Há vários manuais de boas maneiras na internet e nas livrarias. Nossa intenção aqui não é ensinar regras de etiqueta. A questão é: como relacionar-se com elegância, de forma amável; enfim, com gentileza e civilidade.

A imagem do chefe grosseiro, gritando, arrogante e áspero caiu por terra. No mundo atual, os líderes tentam preservar sua reputação exatamente da forma contrária: sendo firmes, mas gentis; compartilhando ideias, acolhendo opiniões diferentes, sabendo ouvir o outro.

E lembre-se: a palavra é um instrumento poderoso de comunicação. Use-a a seu favor. Leia a respeito, pergunte, observe. Não custa nada lembrar aqui algumas regras básicas:

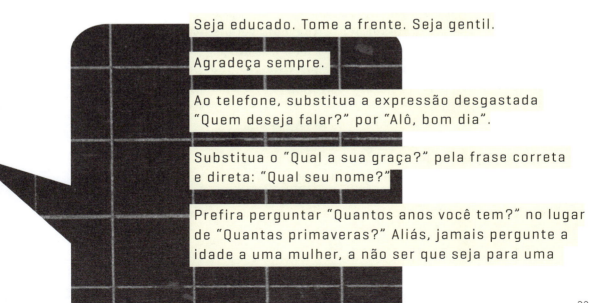

Quer ter uma relação respeitosa com seu cliente? Pergunte o nome dele e diga o seu. Simples assim. Jamais chame alguém que você não conhece de "querida", "meu bem", "amor", "fofinha" ou afins.

Seja educado. Tome a frente. Seja gentil.

Agradeça sempre.

Ao telefone, substitua a expressão desgastada "Quem deseja falar?" por "Alô, bom dia".

Substitua o "Qual a sua graça?" pela frase correta e direta: "Qual seu nome?"

Prefira perguntar "Quantos anos você tem?" no lugar de "Quantas primaveras?" Aliás, jamais pergunte a idade a uma mulher, a não ser que seja para uma

 ficha de hospital, ou numa situação em que a informação é imprescindível. E, nesses casos, seja gentil ao fazê-lo: um bom recurso é pedir a carteira de identidade e anotar a data de nascimento.

 Quando falar com alguém, mantenha "os olhos nos olhos". Não fique olhando para os lados ou para cima.

 Deixe o outro falar. Espere o momento correto para fazer a sua abordagem.

No cumprimento, o melhor é estender a mão. Não saia beijando e abraçando quem não conhece. Para os homens, uma recomendação: não aperte muito forte a mão de mulheres.

Use e abuse do "por favor". Ou do "por gentileza".

Fale em tom baixo e natural.

Ser cortês é uma qualidade da pessoa civilizada. Não há mais espaço para pessoas grosseiras. A falta de educação afasta as pessoas. Ninguém quer ser atendido por uma manicure mal-educada, por um agente de turismo que não prioriza o atendimento aos mais velhos ou por um motorista de táxi ou de aplicativo que fuma enquanto dirige.

Atente para o idoso, para a mulher que está grávida, para as pessoas com deficiências. Eles têm prioridade. No elevador, abra a porta, segure-a e permita que essas pessoas entrem na sua frente. Se estiver sentado no vagão do metrô, do trem ou no ônibus, ceda o lugar.

Se fizer algo errado, imediatamente se desculpe. E anote os recados dos colegas. Esquecer de transmiti-los é falha imperdoável. Vai ficar bastante complicado arrumar uma justificativa para essa falta de cortesia.

Conduza a sua vida social e profissional com gentilezas, empatia e acolhimento. É um ótimo caminho para tornar sua vida melhor.

BULA DO CAPÍTULO

GENTILEZA GERA GENTILEZA.

TRATAR BEM O OUTRO É TRATAR COM GENTILEZA.

OBSERVE AS REAÇÕES DAS PESSOAS ÀS SUAS ATITUDES.

SEJA GENTIL COM O CLIENTE. JAMAIS AJA COM DESDÉM.

FIQUE ATENTO AO ATENDIMENTO PRIORITÁRIO A GESTANTES, IDOSOS, CRIANÇAS DE COLO, PESSOAS COM NECESSIDADES ESPECIAIS OU DIFICULDADES DE LOCOMOÇÃO.

OLHE NOS OLHOS DO CLIENTE E SEJA SIMPÁTICO. UM SORRISO SEMPRE CAI BEM.

TENTE MANTER A CALMA SOB SITUAÇÕES DE PRESSÃO NO TRABALHO. RESPIRE FUNDO. IRRITAR-SE E TRATAR MAL OS CLIENTES NÃO VAI AJUDAR EM NADA.

PARA PENSAR

Se você estivesse no lugar da Sandra, da Padaria São Jorge, daria um toque no Gabriel ao perceber que ele estava deixando os clientes irritados? Ou ficaria "na sua", já que cada um faz o seu trabalho? E se você fosse o Gabriel, aceitaria o conselho da colega de trabalho? Ou dispensaria, porque se conselho fosse bom ninguém dava, só vendia?

Você acha que o guarda do posto do Departamento de Trânsito estava certo ao suspeitar que Eduardo Torres fingia ao usar muletas? Se você estivesse no lugar dele e achasse a suspeita procedente, como agiria?

E o rapaz da vistoria, que largou o que estava fazendo para acalmar o cliente, fez certo? No lugar dele você faria o mesmo ou cuidaria do seu serviço e deixaria a moça do guichê e o guarda resolverem a situação?

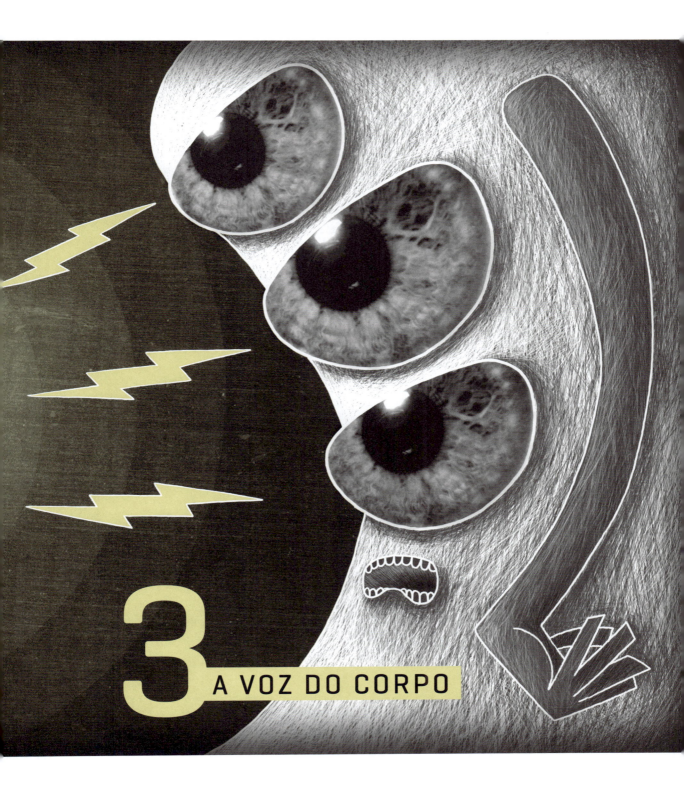

O ser humano não nasce pronto. Seu desenvolvimento se dá ao longo do tempo e não há limites para o aprendizado. Todo o conhecimento adquirido e as transformações ao longo da vida são produzidos na convivência com as pessoas e com o meio.

O caminho desse desenvolvimento é a comunicação.

Especialistas garantem que a oralidade é, de longe, a melhor forma de comunicação. Mas o corpo todo envia sinais, gerando impacto por meio das expressões corporais e faciais, gestos, posturas, ênfases e no tom de voz, por exemplo.

Estudos da área de marketing revelam que as pessoas absorvem e registram 7% do que você fala, 38% do modo como você fala e 55% do que você fala com sua postura. Em outras palavras, o corpo fala!

E se o corpo "fala", nunca é tarde para aprender a "ouvi-lo", ou seja, compreender de que forma ele se expressa e aprender a usar da melhor maneira esse poder de comunicação fantástico.

É sobre a "fala do corpo" que vamos conversar neste capítulo.

A LINGUAGEM CORPORAL

Para se estabelecer uma boa comunicação, tanto a mensagem verbal (seleção dos vocábulos, estrutura das frases, sequência lógica de pensamentos etc.) quanto a não verbal (expressões corporais) devem estar sincronizadas na busca de expressar um sentido – a menos que se queira causar um impacto negativo no outro que ouve e vê.

O que se espera é que a comunicação verbal seja coerente com a não verbal ou vice-versa. Quando ambas "não se casam", a que prevalece é a não verbal. Imagine que você vai conversar com um colega de trabalho sobre um problema qualquer do setor e chega diante dele com as duas mãos na cintura – aquela pose já estereotipada de briga! Além de deselegante, fica parecendo que sua paciência já está bem curtinha, não é?

E o que dizer de uma conversa em que você nota que o olhar do outro fica sempre para os lados, para cima e nunca diretamente mirando os seus olhos? O que você sente? Desconforto, no mínimo, não é? Parece que a pessoa está desinteressada.

Por outro lado, tem coisa mais convincente do que um cozinheiro italiano falando do espaguete com molho de tomate e manjericão fresco que acabou de preparar? Imagine então ele beijando as pontas dos dedos para "dizer" quão delicioso está o prato: dá até água na boca! Aliás, os italianos são conhecidos como mestres em "falar com as mãos", verdadeiros especialistas em linguagem corporal. *Mamma mia!*

A expressão das nossas emoções nos revela para o outro: o sorriso, o rosto distendido, a testa franzida, o olhar de cima a baixo, o movimento das mãos, os braços cruzados, as pernas em constante agitação, o tom da voz... Assim demonstramos se estamos felizes, se estamos tensos ou mais relaxados, se somos tímidos ou desinibidos, se parecemos seguros ou não.

A "LENTE" DE CADA UM

É importante ficar de olhos e ouvidos bem abertos ao que se passa ao nosso redor. Mas é também importante perceber que o que captamos com nossos sentidos é interpretado de acordo com a nossa formação – nossa cultura, nossa educação, nossos costumes sociais. Assim, algumas posturas podem parecer "estranhas" se não fazem parte de nosso dia a dia. E gestos que para nós são banais podem ser igualmente "estranhos" em outras culturas. O que vale é não ter preconceito e estar aberto a aprender. Cada um tem a sua própria "lente" para focar o mundo.

Encostar a ponta do indicador na ponta do polegar, formando um círculo, quer dizer OK nos Estados Unidos. Mas no Brasil pode soar como uma ofensa, não é? No Japão, tirar os sapatos antes de entrar em casa é um sinal de respeito. Aqui, se você tirar os sapatos na casa de alguém vão achar que é simplesmente falta de educação. Na Rússia, é comum os homens se cumprimentarem com beijos. Você ia achar estranho e dar uma risadinha se fosse o garçom de um restaurante e atendesse uma mesa com quatro russos que se cumprimentaram assim?

Mais uma vez vale a dica: use o bom-senso, tente entender a situação em que um gesto ou um comportamento está inserido. Você só tem a ganhar com isso.

É interessante ficarmos atentos aos gestos dos outros, pois dessa forma habituamos nosso olhar, ensinamos a nós mesmos a perceber o outro. De acordo com a psicóloga Fatima Fontenelle, alguns gestos na comunicação não verbal são emblemáticos. Vamos a eles?

ENGOLIR EM SECO

Quanta dificuldade em falar! Parece até que há mentira no ar ou uma tremenda dificuldade em verbalizar o que se sente.

CORPO PROJETADO PARA TRÁS

Pode revelar que não há interesse no que o outro está dizendo. É um sinal clássico de tédio.

BRAÇOS CRUZADOS

Pode passar a ideia (falsa ou verdadeira) de uma não abertura, não disposição em ouvir ou dialogar. Uma rigidez de postura. Cruzar os braços no início de uma conversa pode dar a impressão de que você não quer papo ou de que, no mínimo, quer que a conversa seja rápida. Desagradável, não?

MÃOS ENTRELAÇADAS

Algo a esconder? Deixe-as soltas e leves. Aliás, mãos bem-cuidadas, masculinas e femininas, chamam a atenção positivamente.

ALISAR O CABELO REPETIDAMENTE ENQUANTO FALA

Não parece que a insegurança é grande? Não passa a ideia de desconforto?

OLHAR O RELÓGIO DIVERSAS VEZES

Essa é a maior "bandeira", um gesto típico de impaciência. Ou, no mínimo, falta de educação.

ESFREGAR AS MÃOS E SUOR EM DEMASIA

Podem ser sinais de ansiedade.

Gestos como esses podem causar ruído na comunicação, ou seja, podem impedir que ela flua positivamente. Em contrapartida, alguns gestos e posturas são sempre bem-vindos, pois facilitam a comunicação. Quer alguns exemplos?

SORRIR DE FORMA FRANCA, ABERTA

O sorriso estampado acolhe, é simpático e elegante.

OLHAR NOS OLHOS

Demonstra interesse e segurança. Não desvie o olhar.

RELAXAR OS OMBROS E TER UMA POSTURA ATIVA

No lugar de cruzar os braços, experimente relaxar os ombros e ter uma postura altiva.

CABEÇA SEMPRE ERGUIDA

Nada de deixá-la pendendo para os lados ou para a frente.

APERTAR A MÃO COM SEGURANÇA

Nada de firmeza excessiva, nem a chamada "mão molenga".

Como vimos há pouco, o "casamento" entre a comunicação verbal e a não verbal tem que ser sincronizado e coerente. Se não for, dá problema. Às vezes, algo que você está dizendo está em conflito com a sua postura corporal, e o outro não sabe em que acreditar: se no que você está falando ou se no que o seu corpo está demonstrando. Veja só a história:

> > >

Era o início da Semana Santa e a Peixaria Rainha do Mar estava apinhada de clientes. Mas para o Reinaldo, conhecido como Sapo, era como se o balcão estivesse às moscas. Estava, como sempre, lendo seus gibis, sentado no banco alto de onde podia ver todo o movimento do pequeno salão – isso se quisesse, claro –, encostado na parede e tendo diante de si a caixa registradora. Só tirava os olhos do gibi quando um cliente queria pagar a compra. Aí ele afastava as costas da parede, marcava a página do gibi com uma nota de R$ 2,00 e dava o troco.

Nem o movimento forte da Semana Santa tirava o Sapo da postura habitual. Mas como a peixaria só tinha dois atendentes de balcão – o Chico Bigode e o Luiz – e os peixeiros que limpavam e cortavam os pescados estavam sobrecarregados, um dos clientes foi solicitar os préstimos do Sapo:

> — Meu amigo, por favor, eu quero levar um peixe grande pra assar. O que está mais fresco, a corvina ou o namorado?

Sem tirar os olhos do gibi, o Sapo emendou:

> — Pode levar qualquer um, tainha, cherne, dourado... Tá tudo fresquinho, o barco trouxe hoje.

O cliente não ficou satisfeito com a resposta, sobretudo porque o Reinaldo continuou encostado na parede lendo o gibi, sem ao menos esboçar intenção de fazer o atendimento. Resolveu testar o canal de comunicação mais uma vez:

— Tá certo, mas eu queria também levar camarão pra fazer um molho. Qual o senhor recomenda?

Meio de fastio por ser de novo interrompido em sua leitura, o Reinaldo mandou essa:

— Leva o VG, chegou hoje.

Aí o cliente teve a certeza de que o que o Sapo falava não tinha lá muita fé pública. Afinal, o quilo do camarão VG era justo o mais caro da peixaria.

O Chico Bigode, vendo a situação, deu uma piscada para o cliente, sorriu de leve e, com a mão direita, apontou para si mesmo e fez um gesto para que esperasse um pouco. Diante da disposição do atendente, o cliente ficou mais tranquilo. Mesmo sem dizer uma palavra, foi como se o Chico, com aqueles quatro gestos conjugados, estivesse dizendo: "Deixa comigo, já atendo o senhor".

E estava "dizendo" mesmo: quando terminou de atender uma senhora, o Chico, que tinha ouvido e visto o diálogo entre o Sapo e o cliente, foi logo recomendando:

— Peixe o senhor pode levar o robalo, chegou hoje e tá num bom preço. É ótimo pra assar, a carne branquinha. E o camarão pro molho pode ser o cinza médio. Esse chegou hoje de manhã.

E, dando uma olhada para o caixa para certificar-se de que o Sapo estava de cara enfiada no gibi, ainda completou em tom mais baixo:

— O camarão VG não é o melhor para molho... e tá na geladeira há dois dias.

O cliente ficou tão satisfeito com o atendimento do Chico Bigode que deu uma boa gorjeta para a caixinha da peixaria. E, na hora de pagar, finalmente conseguiu olhar nos olhos do Reinaldo para "agradecer":

— Olha, muito obrigado, meu amigo. Obrigado mesmo, o senhor ajudou bastante.

O Sapo ficou sem entender tanta gentileza. Não percebeu a ironia...

<<<

EXPRESSÕES FACIAIS: OS SINAIS SÃO CLAROS

O rosto é nosso melhor cartão de visitas. Por meio dele, percebemos se agradamos ou não, se o que falamos desperta raiva, admiração, aceitação, entusiasmo, desdém ou outro sentimento. Estar atento às nossas expressões faciais é um excelente recurso para que a conversa flua melhor e nossos objetivos sejam alcançados.

Faça um teste: escolha alguém de sua confiança e comece a contar (da maneira mais realista possível) alguma história pouco provável. Por exemplo: sua tia de 80 anos acabou de terminar um casamento de cinco décadas porque se apaixonou por um homem 35 anos mais novo e está indo morar com ele. Observe os sinais no rosto da pessoa que está ouvindo essa história improvável. As reações são espetaculares. Diga depois que foi tudo uma brincadeira, ou que você inventou a história porque isso faz parte de um processo de autoconhecimento sobre a comunicação humana (o que é verdade!).

Se você estiver guiando um grupo de turistas ao Corcovado, no Rio de Janeiro, vendendo sapatos numa loja da Rua 25 de Março, em São Paulo, ou servindo acarajés no Pelourinho, em Salvador, lembre-se: não importa onde esteja nem em que trabalhe, concentre-se no rosto do seu interlocutor. E, claro, se não estiver agradando, mude o rumo. E rápido!

SENSIBILIDADE E PERCEPÇÃO

Se você está relatando a um grupo uma história enorme, cheia de detalhes, e percebe que, de tempos em tempos, uma pessoa vai saindo de fininho; se, em uma reunião, o que você fala não é levado a sério ou mal o ouvem e você imediatamente muda o tom de voz ou a abordagem do assunto; se o cliente, ao entrar na loja, sempre olha para os outros vendedores e você estampando um sorriso nos lábios muda tal situação, parabéns! Você tem sensibilidade e sua percepção está aguçada.

Sensibilidade e percepção são duas palavras fortes e muito usadas nos dias atuais. Mas, afinal, o que significam? De uma maneira bem simples, "perceber" tem a ver com os cinco sentidos: a audição, o olfato, o paladar, o tato e a visão.

Os ouvidos captam os sons e assim nos auxiliam na audição; o nariz é a peça-chave do olfato; os sabores capturados pela língua e as suas papilas gustativas nos ajudam no paladar. O tato tem a ver com o toque, a pele. E nada escapa aos nossos olhos – assim funciona a visão.

Já sensibilidade é estar atento às coisas do mundo e aos sentimentos que elas fazem aflorar. Ainda mais: sabendo perceber o que está à sua volta e tendo a sensibilidade de se adequar a diferentes situações, você pode ajudar a si mesmo e aos outros. Veja só esta situação:

> > >

A loja de moda feminina estava lotada. Promoção de fim de verão com peças a partir de R$ 12,90! A impaciência das clientes ávidas por consumir estava à flor da pele. Era um tal de disputar as peças no corpo a corpo e, mesmo com o burburinho ambiente, a vendedora Camila percebeu que duas clientes mais exaltadas estavam quase indo às vias de fato por causa de uma saia curta rosa:

— Eu vi primeiro, colega! Dá licença?

— Se viu, não pegou. A mão de baixo é a minha, percebeu?

— E essa agora? Não tá vendo que essa saia não cabe em você nem por decreto?

— Tá me chamando de gorda, minha filha?

— Bom, eu é que não sou. Eu visto 38.

Vendo que ia dar confusão, a Camila resolveu intervir:

— Calma, gente, tem tanta sainha boa na promoção! Pra que discutir por causa de uma peça? Tá vendo ali aquela bancada? É só de saia e macaquinho, tudo até R$ 19,90.

A cliente magrinha que viu a saia primeiro resolveu dar uma espiada na tal banca, não sem antes dar mais uma cutucada na rival:

— Eu vou dar uma olhada lá, já vi que aqui não tem nada pro meu tamanho, é tudo acima de 42.

A outra sentiu o golpe. Só então olhou com calma a saia e viu que era curta demais. Isso se coubesse na peça: a saia era 42 e ela vestia entre 46 e 48. Camila, a vendedora, mesmo com todo o sufoco de tirar pedidos de dezenas de peças, percebeu quando a cliente ficou um bom tempo olhando a saia rosa. Deu um jeito de passar o talão para a gerente – "Só um minuto, vou resolver um problema ali" – e foi falar com a cliente:

— Oi, meu nome é Camila, a gente nem se apresentou. Confusão essa promoção, né? Quer uma ajuda pra escolher uma saia? Essa rosa eu acho que não vai ficar legal... E pra falar a verdade eu já tive uma e costuma encolher um pouco na primeira lavada. Como você se chama? (Era verdade, a Camila já tivera uma saia daquelas, mas verde-limão, e encolheu um pouco mesmo. Foi um jeito carinhoso de dizer à cliente que era melhor desistir daquela saia rosa).

— Estela. Você acha que tem uma rosa que fique melhor em mim? Eu adoro rosa.

Difícil... Rosa mesmo só tinha aquele modelo – ou melhor, "aquela" peça pivô da discussão. Tinha um macaquinho, mas Camila achou melhor nem mostrar. Mas não perdeu o embalo:

— Você gosta de verde-limão? Eu a-do-ro! Li outro dia numa revista que é uma das cores do outono. Tinha até uma entrevista com uma estilista dessas de artista de TV falando: "verde-limão e lilás, as cores da próxima estação" (Não era verdade, mas desde quando verde-limão e lilás saem de moda? – pensou Camila).

— Lilás eu gosto também, mas tem alguma coisa tipo aquela rosa?

Tinha! E tamanho 46 no fundo da tal bancada que a rival da Estela tinha ido ver (ela já tinha ido embora, e sem levar nada).

— Então, Estela, que tal? É até mais composta que aquela rosa. Dá pra ir trabalhar num dia mais informal – disse a Camila, com um sorriso no rosto.

— Vou levar, é uma graça mesmo. Valeu, Camila.

A Camila fez a Estela feliz por R$ 16,90. Uma pechincha.

< < <

Já abordamos esse tema e repetimos: ninguém nasce sabendo. É o treino, é a luta, é o desejo de aprender no dia a dia que nos fazem melhores, mais capazes, bons profissionais e diferentes dos outros. Este deve ser o seu diferencial! No meio de uma promoção de loja de moda feminina, a Camila não só conseguiu evitar uma confusão com a sua sensibilidade e a sua simpatia, como ainda foi capaz de atender de forma acolhedora uma cliente que estava com dificuldades para encontrar uma peça adequada ao seu estilo. Valeu, Camila!

NOVAS SITUAÇÕES PODEM SER UM DESAFIO

Você iria a uma festa de lançamento do livro de receitas do seu chefe numa livraria bacana com camiseta sem mangas, bermuda e chinelos de dedo? Ou chamaria de "você" a mãe dele que tem idade para ser sua avó e que você nunca viu antes? Ou ainda ficaria exaltado e falaria bem alto com o caixa do shopping porque ele, apesar de se desculpar, não tem troco suficiente naquele momento?

Claro que não! E nos três casos!

Como fazer, então? O primeiro passo é observar. É só nos lembrarmos de que temos dois olhos, dois ouvidos e somente uma boca. Olhe. Perceba como os outros se comportam. Falam alto ou falam baixo? A roupa está mais para sóbria ou para o informal? Quem é quem? Ouça antes de falar. Procure se informar sobre as pessoas e as situações. Já abordamos em outros momentos: ninguém nasce sabendo; portanto, pergunte, se for o caso.

Algumas regras podem ser úteis para você se adequar a um ambiente que lhe parece estranho e muito diverso de sua vida cotidiana. Veja só:

Simpatia e educação nunca saem de moda. "Com licença", "Obrigado", "Por favor" e frases afins nunca aborrecem. Use e abuse delas!

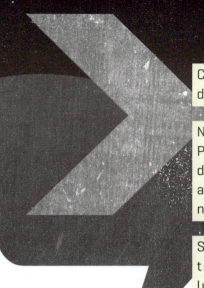

Comportar-se com elegância e reserva é um diferencial. Seja discreto e se adapte ao ambiente.

Normas de trabalho devem ser seguidas. Observe. Pergunte sobre elas logo no primeiro dia. O horário de entrada é rígido? Qual o padrão de atendimento ao telefone? Seu chefe prefere ser chamado pelo nome ou gosta mais de "senhor"?

Sua imagem deve ser diariamente cuidada. Banho tomado, roupa limpa e bem-passada. Sapatos lustrosos. Unhas limpíssimas.

Lixar unhas, retocar maquiagem, escovar ou pentear cabelos em público são erros imperdoáveis. Dirija-se ao toalete.

Não fale de seus problemas pessoais com qualquer um que encontrar.

Nas cartas, bilhetes e *e-mails*, cuidado com o Português. Objetividade e clareza são importantes. E atenção ao falar! Você pode achar que não, mas seu interlocutor percebe seus deslizes gramaticais.

Gírias, palavrões, piadas não são bem-vindos no local de trabalho.

Prefira roupas discretas. Roupas exuberantes, chamativas, decotadas devem ser usadas em locais e situações não relacionadas ao trabalho.

As pessoas devem ser respeitadas em qualquer situação. Somos todos diferentes uns dos outros.

Os seus interesses pessoais jamais devem ficar acima de qualquer coisa.

BULA DO CAPÍTULO

ALGUNS GESTOS E POSTURAS VALEM MAIS DO QUE AS PALAVRAS. SEU CORPO FALA E VOCÊ DEVE USAR ISSO A SEU FAVOR.

A FALA E AS EXPRESSÕES CORPORAIS E FACIAIS DEVEM SER SINCRONIZADAS. QUANDO NÃO ESTÃO, TEM-SE A IMPRESSÃO DE QUE ALGO ESTÁ ERRADO. UM GESTO SEU PODE "DESMENTIR" O QUE VOCÊ ESTÁ DIZENDO.

OBSERVE TUDO AO SEU REDOR, OS SONS, AS EXPRESSÕES CORPORAIS, OS AROMAS, POIS É DAÍ QUE VOCÊ VAI TIRAR A SUA PERCEPÇÃO DA SITUAÇÃO. E TENHA SENSIBILIDADE PARA SE POSICIONAR DA MELHOR FORMA.

FALE COM CONVICÇÃO, PASSE CREDIBILIDADE NO CONTEÚDO, EXPRESSE FIRMEZA DE ÂNIMO.

SEJA ASSÍDUO E PONTUAL – SEMPRE.

A APARÊNCIA FÍSICA E A APRESENTAÇÃO PESSOAL DEVEM SER DISCRETAS.

ADOTE UMA POSTURA ERETA E EXPRESSE ENERGIA E FIRMEZA. MANTENHA A CABEÇA ERGUIDA, NUNCA UM OLHAR CABISBAIXO. OLHE NOS OLHOS DO OUTRO.

APERTE A MÃO DE SEU INTERLOCUTOR DE MANEIRA FIRME, JAMAIS FIQUE COM AS MÃOS NO BOLSO.

PROCURE TER UMA EXPRESSÃO FACIAL SERENA. SEU TOM DE VOZ DEVE SER BAIXO E PAUSADO. NÃO TRANSPAREÇA EXCESSO DE CONFIANÇA E EVITE BRINCADEIRAS EXAGERADAS.

PARA PENSAR

Você acha que as pessoas acreditam mais no que você fala ou no que você expressa com seu corpo quando está falando? O que vale mais: a palavra ou a postura?

O Reinaldo, da Peixaria Rainha do Mar, cuidava do caixa. Ele estava certo ou errado em não ajudar no atendimento no balcão? O que você faria se o cliente pedisse sua ajuda?

A Camila estava cuidando de outras vendas quando começou a confusão na loja por causa da saia rosa. No lugar dela, você largaria o que estava fazendo para intervir? Ou esse é um papel do gerente da loja?

Você é uma pessoa atenta? Ligada no que os outros dizem ou expressam? Gestos e posturas chamam a sua atenção? Se sim, então você já notou que muitas pessoas não escutam de verdade o que o outro tem para falar, criando um obstáculo no canal de comunicação. Mal o outro esboça um pensamento, e o interlocutor já sai atropelando, interrompendo, tamanha a sua necessidade de falar! Às vezes o outro sequer finalizou o raciocínio! Quanta ansiedade!

Este é um problema sério: não saber ouvir e, pior, interromper a fala do outro com a sua própria ansiedade em falar. É disso que vamos tratar neste capítulo.

APRENDER A OUVIR COM ATENÇÃO

Se não se ouve com o devido cuidado, se não se entende o ponto de vista e o desejo do outro, não há diálogo. Daí nasce o famoso ruído na comunicação. Valorize a fala do outro, dê a ela a importância devida.

Uma regra básica em qualquer tipo de comunicação é: ouça com interesse. Fique atento ao que o outro realmente quer – e não tente impor os seus interesses.

Quer um exemplo? Você trabalha em uma agência de turismo e um cliente deseja conhecer o Norte do Brasil, mas você verifica que todos os voos estão lotados na data desejada. O melhor a fazer? Diga a verdade e tente listar com o cliente outras opções de datas. Não adianta, de cara, tentar vender um pacote para o Chile só porque é a promoção do mês!

Ouça com respeito: pode ser um adolescente com a agitação característica da idade ou uma pessoa idosa que tem dificuldades de audição. Trate a todos com a mesma consideração. Saber ouvir é respeitar o diálogo, é buscar o entendimento. Ao praticar a escuta, aprendemos também a reorientar nossos objetivos, a questionar nossa maneira de pensar ouvindo outras opiniões.

O que exatamente o cliente deseja? Se ele diz que é vegetariano, então não indique uma bela feijoada, apesar de ser o prato do dia no restaurante. Se ele quer fazer uma reclamação, ouça com atenção. Tente se colocar no lugar dele. Por que será que aquela cliente está tão nervosa? Acredite: para tudo existe uma explicação. É só ter calma para conduzir a situação da melhor maneira possível.

Sabe aquela placa de aviso de que há no cruzamento de uma linha férrea? Siga-a como lema: Pare, olhe, escute! Do contrário, você vai acabar causando um "acidente" de comunicação.

Considere algumas dicas valiosas:

Não veja o mundo somente com os seus olhos. Atente para o desejo do outro. Ouça o que o outro diz.

Espere a sua vez de falar. Se estiver ansioso, respire pausadamente.

Não toque no outro. Nada de pegar no braço ou botar a mão no ombro para chamar a atenção. Olhe nos olhos, ouça atentamente e espere que o outro conclua a fala.

Se não tiver entendido alguma coisa, desculpe-se e peça ao seu interlocutor para repetir.

Não se alongue nas explicações. Seja simples e claro. Hoje em dia as pessoas não têm muito tempo, estão sempre com pressa.

Um ponto importante que será tratado no capítulo 6 é falar corretamente. Se você é telefonista, por exemplo, sair com algo como "Senhora, vou estar transferindo sua ligação" chega a doer nos ouvidos. Sabe por quê? Porque essa construção não existe na língua portuguesa. Ela nasceu de um erro de tradução do inglês, se espalhou pelo telemarketing e, no momento, as empresas educam seus colaboradores com cursos de atualização para eliminar esse vício de linguagem.

Voltaremos a essa questão mais adiante. Por enquanto, o importante é saber que, além de saber escutar o que o outro diz, é fundamental se expressar bem. Quanto mais clareza, quanto mais objetividade, melhor para que todos se entendam.

E lembre-se: não entendeu o que o outro falou, perdeu alguma explicação, algum detalhe? Peça para que repita. Não é feio, nem humilhante e nem falta de educação pedir isso ao outro. Pelo contrário: isso revela a sua preocupação, o seu interesse em entender. Ponto para você!

O SILÊNCIO PRODUTIVO

Poucas coisas são mais deselegantes do que falar junto com o outro. Parece uma corrida para ver quem ganha. E, no final, todo mundo perde. Não há diálogo e a comunicação fica comprometida.

Em alguns momentos, o silêncio é a melhor ferramenta. Espere que o outro exerça o direito de falar primeiro – ainda mais se for um cliente! E ouça, demonstre curiosidade pelo outro. As feições do rosto e as expressões do corpo, como já vimos, irão ajudá-lo. E muito!

Não interrompa o outro, mesmo que tenha algum comentário a fazer sobre algo que ele disse. Aguarde a sua vez de falar: você já terá uma noção completa da fala do outro e seus comentários certamente serão mais pertinentes, não é?

Exercite o silêncio, a escuta. Você vai ver como a comunicação com o outro vai fluir melhor. Do contrário, pode dar confusão. Veja só este caso:

> > >

O caminhão de entrega parou junto ao meio-fio e do banco do carona o encarregado gritou:

— Fala, chefia! Chegou a mercadoria! Onde eu deixo?

Lá detrás do balcão, o Severino não entendeu. Além de o bar ficar na avenida mais movimentada do bairro, o ponto de ônibus bem na frente do estabelecimento elevava o volume a decibéis que dificultavam qualquer forma de comunicação. Ainda mais a distância! Só teve tempo de dizer:

— Que mercadoria?

O encarregado mal ouviu, estava com pressa em despachar a encomenda:

> — Cinco caixas de cerveja e três de refrigerante, tá aqui no roteiro! – gritou de novo o rapaz, balançando no ar uma prancheta com uns papéis.

Severino nem conseguiu responder, só abriu as mãos e balançou negativamente a cabeça, como se dissesse: "Não entendi nada".
Bom, mas não foi isso que o encarregado entendeu.

> — Aí, parceiro, vou descarregar ali na frente e levar no carrinho, valeu?

Já estava falando com o motorista para encostar o caminhão um pouco adiante do ponto de ônibus. Ato contínuo, ele desceu da boleia e começou a descarregar os engradados de bebida. Foi aí que o Severino teve a certeza de que tinha algo errado. Não era dia de entrega de mercadoria. Ao ver o encarregado se aproximando com o carrinho cheio, tentou falar:

> — Olha, acho que tem alguma coisa errada...

Em vão. O rapaz já estava descendo os engradados do carrinho e empilhando junto ao balcão. Fez tudo muito rápido. O motorista o alertara de que o caminhão não podia parar ali perto do ponto de ônibus. Tinha que ser "vapt-vupt", porque corria risco de ser multado. Quando o rapaz terminou, o Severino, que já desistira de tentar falar, estava com cara de fastio no balcão.

> — Por gentileza, chefia, assina aí o canhoto que eu tô cheio de entrega pra fazer – disse o encarregado.

Ao pegar o recibo de entrega, Severino entendeu tudo.

> — Olha, amigo, eu tentei esclarecer, mas você já foi logo descendo a mercadoria. Tá errado, não é aqui, não...

> — Como assim, aqui não é o Bar Estrela, avenida dos Inconfidentes, 1.227? – perguntou o encarregado.

> — Não, senhor. Aqui é o Bar da Estela, que é o nome da patroa. Você deve ter se confundido com o letreiro. O Bar Estrela fica no próximo quarteirão.

É fácil de achar, tem um escudo do Botafogo na fachada e um ponto de ônibus bem na frente – disse o Severino, já com pena do encarregado, todo suado debaixo do uniforme azul.

O rapaz nem agradeceu, ficou até ofendido com o Severino, como se a culpa pelo erro fosse do balconista. Empilhou de volta os engradados no carrinho, o motorista do caminhão já buzinando pela demora, e ele se maldizendo e pensando que o dia de trabalho não podia ter começado pior.

Mas podia. Lá vinha o guarda...

< < <

Deu para perceber a importância de saber ouvir, não é? Se antes de sair gritando e descendo a mercadoria do caminhão o encarregado ao menos tivesse olhado para o rosto de Severino, certamente ia perceber que alguma coisa estava errada. Mesmo com todo o barulho ao redor, seria possível estabelecer um canal de comunicação, desde que o encarregado fosse menos ansioso e tentasse entender o que o Severino dizia e gesticulava.

A ARTE DE ATENDER AO TELEFONE

Antes de qualquer coisa, vamos sanar uma dúvida comum: o correto é atender "o" telefone ou atender "ao" telefone?

O verbo atender pode ser transitivo indireto (logo, exige a preposição "a"), no sentido de levar em conta, considerar. E também pode ser transitivo direto: quando significa acolher, receber.

De acordo com o professor Celso Luft e a maioria dos gramáticos, as duas formas estão corretas neste caso. Então podemos atender "o" telefone, como também "ao" telefone.

Vamos em frente?

Em todas as casas há uma rotina. As empresas e os que trabalham no mercado formal ou informal também têm. E o uso do telefone se insere na rotina de trabalho.

Em nossa vida particular, o mais comum é atendermos ao telefone ora com um "alô", ora com um "pronto". Nas chamadas identificadas, se for alguém conhecido do outro lado da linha, vale uma postura mais informal, até chamando o amigo pelo apelido. Mas, em geral, o mais apropriado é mesmo o clássico "alô".

Algumas situações fogem aos padrões. Se você liga para a casa de alguém e uma criança atende, o que fazer? E se você liga para uma pizzaria e uma criança – a filha do dono, por exemplo – atende? Você faria seu pedido?

São situações bem diferentes, não é? No caso da residência, o bom-senso indicaria pedir à criança que chamasse a mãe, o pai ou outra pessoa adulta. E no caso da pizzaria, que dono deixaria a filha atender ao telefone a não ser por distração? O cliente até poderia imaginar que o número estivesse errado e talvez partisse para outra opção. Adeus, lá se foi um cliente...

Você pode ganhar ou perder seu cliente de acordo com o modo de atender ao telefone. As pessoas que trabalham em empresas de cobrança são treinadas para isso. As que trabalham nas recepções, também. O pessoal de vendas, então, nem se fala!

Toda empresa tem padrões para o atendimento telefônico e eles são necessários exatamente para que haja qualidade no serviço. Algumas preferem que o nome da empresa seja falado em primeiro lugar; outras optam pelo cumprimento antes. Muitas têm como norma que o atendente se identifique. Todo ambiente corporativo tem suas regras; cabe aos funcionários respeitá-las. Logo, podemos ouvir e/ou falar: "Bar da Estela, bom dia!"; "Bom dia, Bar da Estela" ou "Bar da Estela, bom dia, Severino falando". Variações existem, e é bom que existam! O importante para uma empresa, por exemplo, é que todos mantenham o mesmo estilo.

Algumas empresas prestadoras de serviços públicos, como as de telefonia ou de fornecimento de energia elétrica, têm como norma um atendimento padrão. Algo como: "Telefônica Nacional, bom dia, meu nome é Carina Andressa, com quem eu falo?". Esse cumprimento é gentil, não é? O nome do estabelecimento é a confirmação imediata de que o número do telefone está correto e é uma forma de fazer propaganda. Fixa a marca na cabeça do cliente cada vez mais. Desejar um bom-dia é para lá de simpático. Depois vem a identificação de quem fala e a pergunta ao interlocutor.

Ter elegância é outro ponto favorável. Como já falamos, é inconcebível gritar ao telefone. Pessoas educadas falam baixo. Volte ao capítulo 2 e reveja aquelas regrinhas tão simples e importantes para um ótimo atendimento. Elas valem para o telefone também.

Lembre-se: ao se dirigir a um cliente, você deixa de ser uma pessoa física e se torna, de alguma forma, uma pessoa jurídica. Ou seja, naquele momento, você é o representante da empresa em que trabalha. Portanto, seja profissional. A sua imagem (e, consequentemente, a da empresa) não pode ter a credibilidade comprometida.

Mesmo diante dos clientes mais difíceis e das situações mais delicadas, o bom atendente deve manter a calma e a elegância ao telefone. Olhe só este exemplo:

> > >

— Tudo Azul HD TV, boa tarde, Kathleen Bianca, em que posso ajudar?

— Boa tarde. Não estou conseguindo ver TV. Aparece na tela uma mensagem dizendo "Ausência de sinal, ligue para sua operadora".

— Pois não, senhor. Vou tentar ajudá-lo. Pode confirmar alguns dados para que eu acesse seu cadastro?

Depois das confirmações de praxe, a atendente verificou que os pagamentos estavam em dia. Além disso, confirmou que não havia problemas técnicos na rede externa do bairro onde o cliente morava.

— Senhor, obrigada por aguardar. Verifiquei que não há problemas no seu cadastro em relação a pagamentos e que a rede externa no seu bairro está operando regularmente. Trata-se, então, de um problema interno. Pode ser na rede do seu prédio ou mesmo um defeito no seu aparelho receptor. Mas para resolver esse problema nós teremos que agendar uma visita técnica. O senhor quer agendar essa visita?

— Minha filha, não é possível que eu tenha que agendar visita. Você não pode resolver por aí, por telefone?

— Infelizmente, senhor, não temos como verificar esse problema. Até a rede externa, o sinal está chegando perfeitamente. É de fato algum problema interno que está causando a ausência de sinal no seu receptor. O senhor já verificou se os cabos estão bem conectados?

— Já fiz isso umas dez vezes. Já desliguei da tomada, e nada.

— Então só mesmo um técnico poderá verificar, senhor. Ele vai primeiro checar a rede interna e, se houver necessidade, poderá até trocar seu receptor, sem qualquer custo adicional. Eu tenho um horário para amanhã na parte da manhã, de 9h às 12h. O senhor quer agendar?

— Ah, essa não! Ele não pode vir agora, minha filha? Hoje tem decisão do campeonato, a senhora acha que eu vou perder isso?

— Infelizmente, senhor, só temos como agendar para o mesmo dia até às 12h. E já são 18h30min. Posso agendar a visita do técnico logo pela manhã, o senhor confirma?

— Não tem outro jeito mesmo, é isso? Vou passar a noite sem TV?

— Senhor, como lhe disse, é um problema interno e só poderemos ajudá-lo com a visita técnica. Podemos confirmar para amanhã de manhã?

O cliente bateu o telefone. Kathleen Bianca ainda ouviu ao longe um desaforo. Já estava acostumada. Respirou fundo, ainda tinha duas horas de plantão pela frente. Pelo menos já não falava mais "posso estar agendando a visita...", o que lhe causava muitos problemas com clientes que a mandavam voltar para a escola e coisas do gênero. A empresa tinha feito um curso de atualização e mandou banir os gerúndios. Agora dizia "Posso agendar a visita...".

O cliente foi ver a decisão do futebol no bar da esquina. O time dele perdeu. Soltou um monte de desaforos por lá, sobrou para a Tudo Azul e até para Kathleen Bianca. Que falta de elegância...

< < <

A atendente seguiu à risca o padrão de atendimento da empresa, tentou ajudar o cliente até se esgotarem as possibilidades do atendimento telefônico. Manteve a calma e a elegância, mesmo que detestasse ser chamada de "minha filha". Foi eficiente e objetiva.

A forma de passar uma ligação também merece educação, elegância e respeito. Imagine que você trabalha na Peixaria Rainha do Mar, o telefone toca e você está ao lado. Claro que é para atendê-lo. O salão ainda está fechado e só estão você e o Chico Bigode, e ele está na calçada esperando um entregador.

Quando você atende lhe perguntam pelo Francisco Silva das Neves. Por um momento você fica na dúvida, até que se lembra do nome completo do colega. Sim, é o Bigode. E você então berra com toda a força de seus pulmões: "Ô, Bigode, telefone!".

Podia ser melhor, não?

Que tal pedir "Um instante, por favor", tapar o bocal do telefone e dizer ao Chico: "Ô Bigode, tem um senhor te chamando aqui pelo nome completo. Vai ver é cobrador, hein?". Pronto. Você foi educado ao atender e até avisou ao colega que o estavam procurando como Francisco Silva das Neves. Cuidado com brincadeiras, longe do telefone elas são permitidas entre colegas de trabalho que se conhecem há tempos. Mas cuidado, pois quem está do outro lado do telefone pode ouvir.

Apelidos devem ser usados somente quando nos dirigimos a alguém íntimo. Mesmo assim, em locais de trabalho, tenha cautela. Não abuse da informalidade.

Para um atendimento correto por telefone, mais algumas orientações são bem-vindas:

> Quando o telefone tocar, atenda o mais rápido possível e com ânimo. É desagradável ficar ouvindo aquele toque na expectativa do atendimento. As musiquinhas de espera também são terríveis. Muitos clientes acabam desligando.

> Simpatia é a palavra-chave: "Em que posso ajudar" ou "Posso ajudá-la, senhora?" são formas interessantes de recepcionar alguém pelo telefone.

Vai se ausentar da sala por um bom tempo? Você pode avisar ao colega do setor sobre sua ausência e pedir para anotar os recados.

Responda às perguntas imediatamente e, caso não saiba algum dado específico, peça um tempo, procure se informar e responda com segurança. Se demandar mais tempo, anote o número de quem está ligando, o nome da pessoa, consulte o que for necessário e retorne a ligação.

No seu trabalho, ocupe a linha somente para assuntos profissionais. Para a vida particular devemos usar nossos celulares.

Frases como "eu entendo"; "claro"; "estou ouvindo, senhor" são bem-vindas, pois denotam uma participação mais efetiva na conversa.

Caso não possa atender de forma completa o desejo do cliente, dê-lhe opções.

Anote, escreva, digite todas as informações importantes, tais como nome, número de telefones, *e-mail*.

Não fale junto nem interrompa o outro. Espere a sua vez de falar.

Agradeça ao final.

AS INCONVENIÊNCIAS DO CELULAR

Outro tema importante, em se tratando de ambiente de trabalho, é o uso do celular pessoal. Imagine a cena: você está ouvindo atentamente uma cliente na sala de reunião e de repente seu celular toca na sala ao lado, onde fica sua mesa. Justamente naquele dia você se esqueceu de colocar o celular no "modo silencioso". A cliente e todos em volta olham com espanto, porque o som alto do pagode que você escolheu é inconfundível. Você, constrangido, pede licença à cliente e levanta para atender. Mas, para sua surpresa, uma colega de trabalho atende seu celular antes!

Que situação... Aliás, que sucessão de situações! Primeiro, o toque alto demais do seu celular, que incomodou a todos em volta. Depois, a colega atendeu seu celular pessoal... Como você se sentiria? Ficaria aliviado pelo fato de o barulho ter cessado ou se sentiria invadido na sua privacidade? Muitos não se importam que outras pessoas atendam seu celular. Isso vale para o marido, a companheira, os filhos e até colegas de trabalho. Mas outras pessoas consideram este ato um absurdo, uma falta de educação.

Regra básica: relações familiares não podem ser confundidas com as de trabalho. Se você permite que sua filha atenda seu celular, é um direito seu. Mas, no local de trabalho, é um erro imperdoável. Celulares são pessoais. Tanto que não passamos o número para qualquer pessoa.

Então, da próxima vez que o celular de outra pessoa tocar, só o atenda se o dono pedir. E tenha o cuidado de dizer imediatamente quem você é. Algo como "Celular do Cláudio, Henrique falando, posso ajudar?". É educado, elegante e respeitoso.

No caso de seu celular tocar no meio de uma reunião ou de um atendimento ao cliente e você perceber que é da escola de seu filho – ou seja, pode ser uma emergência –, peça licença e diga algo como "Me desculpe, mas tenho que atender, é importante. Só um instante". Há casos especiais em que é preciso atender ao celular, e certamente os outros serão compreensivos.

Mas lembre-se. Mesmo tendo que atender uma ligação importante no celular no ambiente de trabalho, seja breve. No meio de uma reunião ou de um atendimento, como descrito aqui, essa regra é ainda mais importante. Trata-se de respeito a quem está com você naquele momento. E, claro, nem pense em atender o celular na mesa de reunião, pois certamente isso vai atrapalhar os outros. Levante-se, vá até um canto, fale baixo e seja breve.

COMO REGISTRAR UM PEDIDO

Se fizer parte do seu cotidiano de trabalho anotar pedidos, tenha muita atenção. Algumas pessoas falam rápido. Se não entender, peça para o cliente falar um pouquinho mais devagar, exatamente para você poder atendê-lo melhor. Se houver prazo de entrega, deixe isso bem claro! Pergunte se o cliente entendeu tudo. Confira com ele a íntegra do pedido. Se estiver tudo de acordo, pode finalizar a ligação.

Se a empresa tiver regras para pagamento – como não aceitar cheques, por exemplo –, diga isso ao cliente por telefone. Se o cliente disser que vai pagar em dinheiro, pergunte se ele deseja troco. Se você não checar os detalhes todos, pode colocar o entregador em maus lençóis.

Não deixe o cliente esperando na linha. Lembre-se: um mau atendimento prejudica a imagem da empresa; por outro lado, um bom atendimento atrai mais clientes.

Nem pense em mascar chicletes ou comer alguma coisa enquanto fala ao telefone.

Se perceber que muitas vezes não entendem o que você diz, talvez você esteja com dificuldades na articulação das palavras. Pergunte a seus amigos e familiares se eles acham que você tem problema de dicção. Se ficar em dúvida, procure a ajuda de um fonaudiólogo. Há como resolver o problema, basta buscar ajuda.

E lembre-se de que erros gramaticais dão uma péssima impressão. Procure falar corretamente.

Se for anotar um recado, não se esqueça das informações básicas, como o nome de quem ligou, o dia e a hora, o assunto e um número de contato. A maioria das empresas possui um formulário próprio para anotar recados, mas papel e caneta resolvem. Tenha boa vontade.

BULA DO CAPÍTULO

FIQUE ATENTO AO QUE O OUTRO FALA. OUÇA, ENTENDA E SÓ ENTÃO FALE.

CASO NÃO TENHA ENTENDIDO ALGO, PEÇA PARA REPETIR.

NÃO TENTE IMPOR A SUA OPINIÃO. DÊ IMPORTÂNCIA AO DESEJO DO OUTRO.

NO ATENDIMENTO TELEFÔNICO, SEJA EDUCADO E OBJETIVO. NÃO ELEVE A VOZ. MANTENHA A CALMA.

NADA DE CHAMAR OS COLEGAS PELO APELIDO NO LOCAL DE TRABALHO.

PARA PENSAR

No lugar do Severino, você teria gritado mais alto para dizer que estava achando estranha aquela entrega não programada para o Bar da Estela? Ou deixaria o encarregado ir até o final?

Kathleen Bianca, da Tudo Azul HD TV, poderia ter evitado que o cliente tivesse desligado o telefone? Deveria ter pedido calma a ele, dito que estava sendo grosseiro e que não gostava de ser chamada de "minha filha"?

Você vê algum problema em atender ao seu celular no ambiente de trabalho? Acha que as empresas são muito rigorosas com isso sem motivo, porque hoje em dia todo mundo tem celular e se comunica menos por linhas fixas?

Desde os primeiros capítulos estamos batendo em uma tecla: existem diferentes formas de falar, e o segredo para se comunicar bem é escolher a melhor forma para cada situação. Saber fazer essa escolha é meio caminho andado para um bom relacionamento com as pessoas. Por outro lado, padronizar a fala para todas as situações é um caminho certo para o fracasso.

Pense bem. Você chama sua filha de "meu amor", "minha querida" e outros mimos. Perfeito, ela merece ser chamada assim em qualquer lugar. Mas você vai chamar sua colega de trabalho da mesma forma? Ou o cliente que acabou de pedir o cardápio no restaurante? Melhor não, concorda? Na pelada de fim de semana, você pode usar à vontade as muitas gírias que sabe, mas elas serão adequadas em uma reunião de trabalho? De novo: não!

Contextos diferentes exigem falas diferentes. No contexto familiar, afetivo, o "meu amor" cai como uma luva, soa carinhoso. Mas no ambiente de trabalho, como vimos, essa forma de tratamento pode ser considerada invasiva por uma cliente e até parecer desrespeitosa a uma colega de trabalho. O melhor é não misturar as estações!

São quatro os registros linguísticos que mais usamos: formal, coloquial, afetivo e familiar. Vamos abordar esses diferentes registros agora.

CADA SITUAÇÃO EXIGE UMA POSTURA PRÓPRIA

Usado intensamente nas relações de trabalho, o registro formal é regido por normas e padrões. Sem isso, a comunicação ficaria difícil ou impossível. Cada um falaria ou escreveria de seu próprio jeito. Já pensou a confusão?

Em todas as empresas, os funcionários devem aprender e usar as regras de comunicação estabelecidas. Em uma empresa de telefonia, por exemplo, há um padrão de comunicação com os clientes, seja na forma presencial, nos balcões de atendimento, ou por telefone. Um padrão interno de comunicação corporativa também sempre é organizado, ou seja, normas que regem a forma pela qual os empregados se comunicam entre si e com as chefias.

Se o padrão de se dirigir à chefia para comunicar um problema em seu setor é um memorando em duas cópias, datado e assinado, não adianta abordá-lo no corredor ou na copa. As regras nas empresas existem para ser seguidas; procure se informar sobre elas. No caso das empresas de maior porte, os departamentos de Recursos Humanos ou as chefias imediatas são os melhores canais para buscar essas informações. Algumas disponibilizam as normas em manuais ou em portais internos, como a intranet.

Na linguagem formal, selecione as palavras. Elabore seu pensamento. Vai falar ou escrever, pense antes. Se for falar para um público que não conhece? Seja formal. Isso não significa ser arrogante ou mesmo antipático. Ao contrário: para se conseguir a elegância da formalidade, a simpatia é o primeiro requisito, e a escolha correta das palavras, o segundo.

Já a linguagem coloquial (informal) não exige convenções. Porém, não pode ser usada a torto e a direito, tampouco se pode dizer que na linguagem coloquial os erros são permitidos. Não são. Entre colegas com o mesmo nível hierárquico, certamente o registro coloquial será usado. Já com o diretor da empresa, não. Ao falar com um cliente, naturalmente não cabem gírias, muito menos palavrões.

A linguagem afetiva diz respeito à nossa vida particular. A maneira como você fala com sua mulher ou com seu marido não deve ser de conhecimento de todo mundo. É tão particular, não é mesmo? É bom prestar muita atenção ao seu entorno quando estiver tratando de questões particulares no ambiente de trabalho. Não é deselegante falar ao celular com o namorado e todo mundo ouvir? Precisa mesmo falar tão alto? Isso vale para o convívio social também: o rapaz sentado ao seu lado, no ônibus, precisa ouvir sua conversa?

A linguagem familiar, o próprio nome já diz, fica restrita a um grupo pequeno de pessoas. O grupo familiar sempre constrói códigos particulares de comunicação. Às vezes o entendimento se dá só pelo olhar. Quando um casal trabalha junto, por exemplo, os registros linguísticos se modificam dependendo do ambiente em que os dois estejam. O perigo é misturá-los. Causa péssima impressão para quem ouve ou lê.

O QUE FAZER PARA MELHORAR O VOCABULÁRIO

Com tantos recursos multimídia à disposição hoje em dia, é inadmissível alguém continuar com vocabulário pobre. Há muitos jogos disponíveis na internet, por exemplo, que brincam com as palavras. Uma boa opção para ajudar a melhorar o vocabulário são as palavras cruzadas virtuais, com diversos graus de dificuldade. Outros jogos simples, que ajudam a treinar raciocínio e vocabulário, como o Letroca, são sensacionais.

Leia, leia sempre que puder. Vá a uma biblioteca, frequente feiras de livros, bienais, participe de um grupo de discussão (presencial ou não), troque, empreste, peça livros emprestados, mas leia. E não apenas livros, mas também jornais, revistas, manuais, histórias em quadrinhos.

Aos poucos você vai incrementar o seu vocabulário e perceber mais facilmente as diferenças entre os registros de linguagem nos diversos espaços sociais e no trabalho.

REGIONALISMOS, EXPRESSÕES TÍPICAS E GÍRIAS

Em um país do tamanho do Brasil, as variações linguísticas existem. Aliás, há uma corrente de estudiosos que afirma não haver uma língua única no país. De acordo com Marcos Bagno, doutor em Filologia e Língua Portuguesa pela Universidade de São Paulo (USP), temos variedades "geográficas, de gênero, socioeconômicas, etárias, de nível de instrução, urbanas, rurais etc."

Uma criança que vive no interior de Pernambuco, por exemplo, se expressa de uma forma totalmente diferente de outra, da mesma idade, que mora no interior do Paraná. E não há problema nisso. Ao contrário, só mostra a riqueza de saberes e aprendizados em cada canto do país. A questão é respeitarmos essas diferenças. Não existe o certo ou o errado. A pronúncia de vogais em uma determinada região é excessivamente aberta; em outra região, fechada. E ambas estão corretas. Somos um só país com influências várias.

Mas como conviver com essas diferenças? Respeitando-as, claro. Às vezes somos preconceituosos, não é? Se em um grupo de pessoas uma delas falar uma "língua diferente" daquela que é falada pela maioria, já é motivo para piadas e risinhos. Ao conversarmos sobre futebol, se um falar "futibol" e o outro "futebol" já é meio caminho andado para uma boa gozação.

Mas se um habitante do Amazonas empregar, em sua fala, muitos termos ou expressões regionais, será que um ouvinte de Minas Gerais, por exemplo, conseguirá entendê-lo perfeitamente? Isso não pode causar um ruído na comunicação?

Vamos fazer um exercício para ilustrar as dificuldades de comunicação com o uso predominante de termos ou expressões regionais. Será que você acerta a maioria dos significados destas expressões? Veja o gabarito no final do capítulo.

1 Mulher baranga
2 Pão picante
3 Cair na pilha de alguém
4 Estar amuquecado
5 Ser uma pessoa serelepe
6 Participar de um mangote
7 Uma vara de espichar couro
8 Dar uma carreira
9 Assim meu boi não dança
10 Ter um traste
11 Não trabucar
12 Se rasgar
13 Ser muito estribado
14 Da hora
15 Maneiro
16 Tri legal

O uso excessivo de regionalismos e gírias pode inviabilizar um diálogo. No comércio, então, chega a ser um contrassenso: quem atende deve seguir as regras da casa e evitar as expressões regionais. Também não é boa ideia tentar imitar o sotaque do cliente de outro estado do país, sob pena de ele achar que você está sendo gozador ou – pior – desrespeitoso. O melhor é usar a linguagem formal.

Veja só que confusão causou o balconista em uma farmácia do Rio de Janeiro ao atender um cliente de Minas Gerais, um turista em férias na Cidade Maravilhosa:

> > >

— Fala, meu tio! Como é que vai essa força?

— Tá meio fraca, sabe? O senhor tem remédio aí pra dor de estômago?

— Aqui tem tudo, sangue bom! Pelo jeito tá de férias, tá curtindo as gatinhas na praia?

— Tô é com uma baita dor de estômago...

— Esquenta não, chefia! Isso passa logo. Tamo junto e misturado. Quer aproveitar e levar um levanta--defunto? Tá na promoção.

— Que trem é esse, sô?

— Não é trem não, parceiro. É um foguete, tá ligado? Um comprimido desse aqui faz a festa da mulherada. É só correr pro abraço!

— Cadiquê?

— Tu vai ficar ligado em 220 o tempo todo. Vai por mim, é tiro e queda! Isso levanta o astral de qualquer um. Mas leva também camisinha, hein?

— Quero não, sô! Deve ter efeito colateral.

— Defeito com a lateral? Bom, isso pode ter se você

tomar umas e outras junto com o foguete. Aí pode dar uma cambaleada, sambar na pista, saca? Manera na birita que tá tudo em cima! Tem problema de coração não, né? Pressão, tá tudo em cima? Então, vai levar?

— Larga deu, sô! Arreda! Vou é procurar outra farmácia...

<<<

Que confusão danada, não é mesmo? Vai ver o balconista nem conseguiu perceber que o cliente era mineiro! É um caso típico em que o atendente deveria deixar de lado as gírias que usa em casa ou com os amigos bem longe do balcão em que trabalha. "Sangue bom" pode não ter sentido nenhum para quem é de fora do Rio de Janeiro. Vale a regra – universal: o esforço é para se entender, não para se desentender.

EXPRESSÕES DE TRATAMENTO

Se as linguagens não devem ser confundidas, a dúvida é natural: quando se deve chamar alguém de patroa ou de chefia, como fez o atendente da farmácia? Resposta: nunca.

Já abordamos esta dúvida anteriormente, mas vamos falar mais um pouquinho sobre o assunto. Lembre-se sempre: existem pessoas e situações mais formais, que exigem um tratamento mais sério. Outras, nem tanto. Há que se ter bom-senso.

PATROA

Sua esposa não é sua patroa. É sua mulher. Evite também o termo "rádio-patroa" ou qualquer outra forma grosseira de tratamento, ainda que seja brincadeira. Quando se referir à sua companheira ou à de seu colega, use "esposa" ou "mulher".

MOCINHA OU SENHORITA

Algumas empresas optam pelo formal excessivo, o que pode acabar levando a gafes. O funcionário de uma companhia aérea chamar uma garota de 10 anos de idade de "senhorita" é meio forçado, não acha? E usar "mocinha" pode até parecer pejorativo. Como fazer então? Simples, basta perguntar o nome e chamá-la como tal. E muitas vezes nem é necessário. Sorrisos ajudam nessa hora.

PARCEIRO

A palavra parceiro significa ter amizade por alguém. Numa mesa de bar, apresento meu amigo de infância como "meu parceiro". E todos entenderão que é um amigão, companheiro da vida. Mas será sensato me dirigir a um novo cliente dessa forma? Não.

MEU CHAPA

Essa expressão é excessivamente informal e não cabe numa relação de trabalho. E lembre-se: nem todos gostam de tanta intimidade.

COLEGA OU AMIGO

Sabemos que colega é aquele que trabalha conosco e amigo é o que mora em nosso coração. Bastante diferentes, concorda? Por mais que saibamos disso, às vezes cometemos deslizes. Se não sei o nome da pessoa, chamá-lo de "colega" é, no mínimo, deselegante. Esqueceu? Não tem problema. Pergunte novamente o nome.

DOIS BEIJINHOS

Você foi apresentado a uma pessoa do sexo oposto ao seu. Ao se despedir, valem dois beijinhos? Depende. Se for um contato de trabalho formal, mãos estendidas são suficientes. Mesmo se forem duas mulheres? Também. Beijar o rosto do outro significa afeto. Imagine-se numa entrevista de emprego, ou no balcão da farmácia. Ao sair da banca de jornal ou ao entrar no seu prédio. Você beijaria a diretora? E o balconista? O jornaleiro ou o porteiro? Não! Portanto, use e abuse dos beijinhos com os amigos e sua família.

GABARITO   REGIONALISMOS, EXPRESSÕES TÍPICAS E GÍRIAS

1. Barango, em Minas Gerais, é fora de moda, pessoa cafona.
2. Pão picante é uma torta salgada de Santa Catarina, feita com pão de fôrma.
3. Cair na pilha, no Rio de Janeiro, é acreditar em alguma mentira ou provocação.
4. Amuquecado, no Acre, é ficar desanimado, quieto.
5. Uma pessoa serelepe, em Sergipe, é uma pessoa feliz.
6. Participar de um mangote, no Nordeste, é participar de uma turma.
7. Vara de espichar couro, em Roraima, é pessoa alta, comprida.
8. Dar uma carreira, em Pernambuco, é correr.
9. Assim meu boi não dança, no Maranhão, significa desse jeito não vai. É uma alusão à dança do bumba meu boi.
10. Ter um traste, no Paraná, é ter coisa sem valor.
11. Não trabucar, em São Paulo, é não trabalhar.
12. Se rasgar, no Rio Grande do Norte, é rir.
13. Ser muito estribado, no Ceará, é ser muito rico.
14, 15, 16. As três expressões têm o mesmo significado, um elogio quando se acha algo muito bom. Da hora é em São Paulo; maneiro, no Rio de Janeiro; e tri legal, no Rio Grande do Sul.

BULA DO CAPÍTULO

TENTE USAR A FORMA ADEQUADA DE FALAR EM CADA SITUAÇÃO. USE O BOM-SENSO.

PERCEBA OS ESPAÇOS SOCIAIS E DE TRABALHO EM QUE VOCÊ ESTÁ INSERIDO. PARA CADA UM HÁ UM TIPO DE LINGUAGEM ADEQUADO.

SEJA FORMAL NAS RELAÇÕES DE TRABALHO, SOBRETUDO NO ATENDIMENTO A CLIENTES.

PROCURE SEGUIR AS NORMAS DE ATENDIMENTO DE SUA EMPRESA.

CUIDADO COM AS FORMAS DE TRATAMENTO. MESMO NO CAMPO DA FALA INFORMAL, ALGUMAS FORMAS DE TRATAMENTO PODEM PARECER DESRESPEITOSAS.

OS REGIONALISMOS CARACTERIZAM AS DIFERENTES FORMAÇÕES CULTURAIS NO BRASIL. RESPEITE AS DIFERENÇAS.

EVITE O USO DE GÍRIAS NO SEU LOCAL DE TRABALHO. ELAS PODEM COMPROMETER O ENTENDIMENTO DO OUTRO E DIFICULTAR O DIÁLOGO.

PARA PENSAR

Você acha que hoje em dia o celular é de uso amplo mesmo e que isso o deixa liberado para atender ligações em qualquer situação ou lugar?

No caso do atendimento a um turista gaúcho, por exemplo, quem trabalha em uma loja de sapatos em São Paulo deve usar as expressões regionais paulistas? Ou deve tentar imitar o sotaque e as expressões do cliente gaúcho para tentar agradá-lo?

A RIQUEZA DA NOSSA LÍNGUA 6

Algumas pessoas ainda acham que o que conta na vida profissional é somente o saber técnico. Para essas pessoas, basta dominar uma especialidade e seguir em frente na carreira. Mas acredite: hoje não é bem assim.

Se antes uma pessoa era valorizada pelo seu saber, não importando se falasse mal, usasse termos técnicos em excesso, abusasse de palavras estrangeiras ou cometesse erros gramaticais constrangedores ao falar ou escrever, hoje a realidade é diferente. Alguém que se expressa corretamente, que usa bem a comunicação oral e escrita, é muito valorizado.

Não basta a um professor de Física, por exemplo, dominar apenas a sua matéria. Se ele erra constantemente a concordância do verbo com o sujeito e confunde o singular com o plural, ou qualquer outro tipo de erro gramatical, ou não será bem-aceito pelos alunos e seus pares ou será aceito com ressalvas.

A comunicação oral está cada vez mais valorizada em todos os campos do conhecimento. Saber se expressar corretamente é fundamental.

Chega a ser desconcertante se um professor de Ciências, no Ensino Fundamental, inicia uma aula desta forma: "Os ossos do corpo humano se divide em...". Mesmo diante de alunos que não dominam completamente as regras gramaticais, o erro de concordância chega a doer nos ouvidos. O certo é: "Os ossos do corpo humano se dividem em..."

Da mesma forma, uma psicóloga que, ao receber um novo paciente, só empregue termos ligados à Psicologia, vai causar uma péssima impressão. Pode parecer distante e arrogante. A chance de o paciente não voltar na segunda sessão é considerável.

Outros exemplos: um atendente de farmácia que só fala gírias quando se dirige aos clientes não vai conseguir manter seu emprego por muito tempo. Um garçom que diz algo do tipo: "E aí, galera, vamo de quê?". Será que ele está preparado para ser garçom de um restaurante? Parece que não.

Neste capítulo, vamos conversar sobre a riqueza da nossa língua e mostrar alguns deslizes que podem e devem ser evitados para valorizar a boa fala.

DIFERENTES ESPAÇOS, DIFERENTES FALAS

Já vimos que os diferentes espaços sociais – o afetivo, o familiar, o de trabalho – podem abrigar falas diferentes. Vimos que em casa cabe chamar a filha de "meu amor", mas que uma colega de trabalho pode ter outro entendimento se assim for chamada. Da mesma forma, numa festa com os amigos, é comum usarmos gírias, mas no trabalho esse tipo de linguagem pode causar ruídos na comunicação.

Pode parecer exagero, mas quando estamos em nosso local de trabalho deixamos de ser "pessoa física" (a Alice, moradora da zona sul de Brasília, filha de Bianca e Ivan) para nos tornarmos "pessoa jurídica" (a Alice, da seção de Finanças, da Empresa Castro Imóveis). É claro que ninguém deixa de ser o que é ao cruzar a porta do escritório ou da loja em que trabalha, mas a comparação é válida como um chamado ao bom-senso: exercemos diferentes papéis sociais e cada um deles vai exigir uma fala – e também uma postura – mais adequada.

Não é um bicho de sete cabeças. Ao contrário. Perceber os papéis que você desempenha na sociedade e ocupar esses espaços da melhor forma é uma boa oportunidade de se conhecer melhor e evoluir. Pense antes de falar. Com quem você está falando? Qual empresa você representa? E use seu bom-senso, sempre.

VÍCIOS DE LINGUAGEM

O que são, afinal, vícios de linguagem? Como já mencionamos, vício de linguagem é um uso da língua que foge às normas consideradas corretas. Às vezes repetimos um erro – ao falar ou escrever – sem saber que estamos errados. Parece estranho, não? Mas é assim que acontece. Você já ouviu alguém falando "menas gente"? Assim, empregado no feminino, é um erro. O certo é "menos gente". A repetição desse erro se torna um vício de linguagem.

Há vícios de linguagem ligados a erros de concordância, de regência ou de colocação de pronomes, por exemplo; outros ligados ao uso de palavras estrangeiras. Não cabe aqui listar esses vícios, mas apenas chamar a atenção para eles e reforçar a mensagem de que devem ser evitados na comunicação oral.

Ler é uma medida eficaz para enriquecer o vocabulário e evitar os vícios de linguagem. Quando não lemos, não nos atualizamos. Se não nos renovamos, ficamos inseguros em várias ocasiões. E se algumas pessoas ao seu redor também estão na mesma situação, qual é a conclusão? O grupo tende a falar baseado em expressões circunstanciais (modismos), excesso de gírias e bordões.

Um exemplo recente é o verbo deletar. Quando os computadores pessoais (os PCs, *personal computers,* em inglês) chegaram ao Brasil, na década de 1980, algumas pessoas começaram a substituir em suas conversas o "apague", o "esqueça" ou o "não dê tanta importância" pelo "delete" (do inglês). Este termo faz parte do teclado desses computadores, que foram substituindo gradativamente as antigas máquinas de escrever. Assim, em pouco tempo, era possível ouvir em uma conversa entre amigos: "Pedro, deleta o que te falei ontem. A casa lá de Petrópolis foi alugada, temos que pensar em outro lugar para passar o carnaval". O "deleta" significava "esquece".

Toda língua é viva, recebe influências e, consequentemente, modificações. Aliás, ainda bem! E assim o "delete" em inglês foi aportuguesado e se transformou no verbo deletar. A palavra consta do VOLP (*Vocabulário Ortográfico da Língua Portuguesa*), mas daí a sair por aí usando "printar" no lugar de "imprimir" ou "estartar" em vez de "iniciar", há uma grande distância.

E pior: de tanto ouvirmos excessos, às vezes acabamos por incluí-los em nosso vocabulário e nos achamos na moda, *in* ou globalizados. E aquele chefe que diz ao funcionário "faz um *print* desse boleto", se achando o máximo? O mínimo que ele deveria fazer era se atualizar.

E por falar em se atualizar, a Academia Brasileira de Letras lançou, em 2021, uma nova edição do VOLP, incluindo mil novas palavras. A relação não era atualizada desde 2009. Entre as novas palavras estão "feminicídio", "sororidade", "negacionismo" e "lockdown". Como se vê, a evolução de nossa língua é contínua.

Portanto, leia, atualize-se, pesquise. Quando desconhecer o significado de uma palavra, pergunte, consulte um dicionário. O que não pode é repetir palavras ou expressões sem saber o que está falando.

As empresas, sobretudo as que atuam com atendimento telefônico, estão revendo a qualificação de seus funcionários no trato com os clientes. Antes tarde do que nunca! O esforço é para evitar não só vícios de linguagem, mas, ao mesmo tempo, excluir ou reduzir termos em inglês que acabam inviabilizando alguns diálogos. Veja só este exemplo:

\> \> \>

— Alô?

— Alô, bom dia, o senhor Avelino dos Santos, por favor?

— Ele mesmo.

— Senhor Avelino, meu nome é Evelyn Andressa, do Banco Sobrenatural. O motivo dessa minha ligação é estar lhe oferecendo uma oportunidade de mudar de vida. O senhor já conhece o nosso seguro de acidentes pessoais Maximum Protect?

— Não conheço, mas olha, sem querer ser indelicado...

— Não há problema, nós temos aqui o seu cadastro e podemos estar lhe enviando pelo correio o fôlder do Maximum Protect, no qual o senhor poderá ter todas as informações necessárias. Junto com o fôlder já poderemos estar enviando também o seu cartão de crédito Platinum Max Size, associado ao Maximum Protect, com desconto de 20% na anuidade, o senhor confirma?

— Moça, como é mesmo o seu nome?

— Evelyn Andressa, ao seu dispor.

— Andressa, eu não tenho interesse no momento... E como o banco conseguiu meu telefone e meu endereço?

— Senhor Avelino, nosso departamento de marketing é muito eficiente. Eu estou autorizada a lhe oferecer uma promoção extra, caso o senhor confirme sua aceitação: um *upgrade* automático em seu cartão Platinum Max Size.

— Up o quê? Eu não falo inglês, Andressa...

— O *upgrade* permite que o senhor inclua dois cartões adicionais, com 15% de desconto nas anuidades, atendimento vip em nossos *business centers* e acesso ao nosso *delivery banking*.

— Como?

— O fôlder que estaremos lhe enviando tem todas as informações, senhor Avelino. Há inclusive outros serviços disponíveis mediante contratação, como *home service, finance organizer...*

— Andressa, como eu lhe disse, não tenho interesse no momento... E nem estou entendendo bem o que você fala. Tem atendimento em português?

< < <

Se é que a Evelyn Andressa sabia o significado de todos os termos em inglês que usou – cujo entendimento ainda foi mais prejudicado pelo excesso de gerúndios incorretos –, era de se supor que o senhor Avelino pedisse "tradução simultânea", não é mesmo?

Os modismos também devem ser evitados na comunicação oral nos ambientes de trabalho. Se o personagem da novela das oito, que o Brasil acompanha diariamente, fala algum bordão como "tô rosa chiclete" quando está com vergonha, evite usar essa mesma expressão em seu trabalho. Para fazer uma piada na hora do almoço, entre os colegas mais chegados, tudo bem. Mas imagine você ser repreendido por ter cometido algum engano no trabalho e expressar seu estado de espírito naquele momento com um "tô rosa chiclete"? Pode soar como deboche ou desrespeito.

GÍRIAS

O uso de gírias é outro problema de comunicação oral, principalmente em locais de trabalho. Fica parecendo (e, às vezes, nem é o caso) que o vocabulário da pessoa é pobre, insuficiente, que ela não está preocupada em se expressar melhor. "Bater com a língua nos dentes", "massa", "demorô", "filme irado", "tá ligado", "já é", "tipo assim", "supermega legal" e por aí vai... Aliás, são expressões que muitas vezes precisam de "tradução simultânea".

A gíria é regional, como já vimos. Então, tente enriquecer seu vocabulário. Não vamos à praia de calça comprida e camisa social, assim como não vamos ao teatro com chinelo, sunga ou maiô. Tem hora para tudo. Para a linguagem também: há ambientes de trabalho que exigem mais formalidade, como um escritório de advocacia; há outros que não, como uma oficina de costura, por exemplo.

OUTROS EXEMPLOS DE VÍCIOS DE LINGUAGEM

GERUNDISMO

Não confunda inglês com português. Por um erro de tradução de *I will be sending it tomorrow* para "Eu vou estar mandando isto amanhã", a turma do telemarketing começou a propagar esse erro. A tal ponto que jornais e revistas, em simpósios e treinamentos, apontam tal deslize. E de tanto ouvirmos, repetimos! Este é o maior problema. Alguém errou, outro ouviu, achou simpático e começou a falar. Pronto! Então, para não esquecer: não existe, na língua portuguesa, a estrutura de dois verbos auxiliares (vou – ir) + estar + gerúndio (terminação -ndo). Essa estrutura pertence à língua inglesa. Dê preferência aos tempos simples (presente, pretérito, futuro): eu mando, eu mandei, eu mandarei. Nada de "estarei mandando", e sim "mandarei" ou "vou mandar". Retire de seu vocabulário o "estarei enviando", use "enviarei" ou "vou enviar". Simples assim.

ENQUANTO

Há tempos, algumas pessoas começaram a falar "Eu enquanto gerente sou a favor desta decisão" ou "Eu enquanto mulher não posso aceitar este tratamento". O correto é "na condição de" ou "como". Portanto, é: "Na condição de gerente, eu sou a favor desta decisão", ou "Como mulher, eu não posso aceitar este tratamento".

A NÍVEL DE

Esta expressão não existe. Você acredita? Pois é, de tanto ouvir ficamos até na dúvida. Existem duas formas corretas: "em nível de" e "ao nível de". "Em nível de" significa "no âmbito", por exemplo: "Esta lei é aprovada em nível de Congresso"; "Este problema é decidido em nível da Polícia Militar". "Ao nível" é usado no sentido de "mesmo", por exemplo: "Vitória, capital do Espírito Santo, fica ao nível do mar" (no mesmo nível do mar).

NO SENTIDO DE

Vício mais recente usado no lugar da preposição "para". Por exemplo: "Estamos trabalhando no sentido de resolver esse problema" em vez da frase simples e correta: "Estamos trabalhando para resolver esse problema".

CONCORDÂNCIA VERBAL E NOMINAL

Você sabe o que é concordância verbal e nominal? Pode parecer complicado, mas vamos rever o assunto de uma maneira bem simples, afinal este livro não tem o objetivo de ensinar a norma culta da língua portuguesa. Mas, caso você continue com dúvidas, consulte uma gramática. Vai ajudá-lo, com certeza.

Então vamos lá. Leia estas frases corretas: "Nós vamos ao churrasco da Fátima", "A gente vai assistir aos jogos da Copa". A concordância verbal das frases estaria errada se falássemos assim: "**Nós vai** ao churrasco da Fátima", ou "**A gente vamos** assistir aos jogos da Copa". Isso é o que chamamos de concordância verbal, quando o verbo concorda com o sujeito da frase.

Quando você diz: "As portas devem permanecer abertas", ou "Os nossos três lindos carros pretos estavam estacionados sobre a calçada", pode ter certeza de que está falando corretamente. Mas se disser "**As port**a de**vem permanecer abert**a" ou "**Os noss**o **três** lind**o** carros pret**o** ficaram estaciona**do** sobre a calçada", estará cometendo erros de concordância nominal. Os artigos (o, a os, as), pronomes (meu, nosso, seu etc.), numerais (um, dois, primeiro, trinta etc.) e adjetivos (palavras que qualificam: preto, bonito, salgado etc.) precisam concordar com o substantivo.

Você já foi repreendido por falar de um jeito diferente da forma que se aprende na escola? Se foi, saiba que nunca é tarde para abrir seus horizontes e aprender coisas que você ainda não sabe. Todos temos uma capacidade extraordinária para mudar. Mudar conceitos, posturas e transformar experiência de vida em uma aliada.

Lembre-se de que as estruturas da língua tendem a se fixar naturalmente com o hábito da leitura. Leia de tudo então: gibis, livros, jornais, revistas, propagandas, encartes de jornais... De repente você vai se dar conta de que está escrevendo bem e falando corretamente.

É possível ler bons livros e revistas em bibliotecas públicas, ou mesmo adquiri-los em sebos a preços de um café. Aproveite as oportunidades de ler, use melhor o seu tempo para isso. Procure na sua cidade, no seu bairro, locais de acesso à leitura, como as bibliotecas. Troque livros com seus amigos.

Os erros de concordância são os que mais ferem os ouvidos na hora de uma conversa. O estudo também é muito importante. E estamos aqui para ajudar. Tire suas dúvidas mais comuns de concordância agora.

CONCORDÂNCIA VERBAL

VERBO "HAVER" NO SENTIDO DE EXISTIR

Você já deve ter ouvido algo como "haviam cinco hóspedes no saguão" ou "haveriam possibilidades de você viajar caso se inscrevesse no programa". Essas formas estão erradas. O verbo "haver", sempre que pode ser substituído por "existir", não tem sujeito, só pode ser usado na terceira pessoa do singular. Nos exemplos acima, as formas corretas seriam "havia cinco hóspedes no saguão" e "haveria possibilidades de você viajar caso se inscrevesse no programa". É bom lembrar que o verbo "existir" é flexionado. Logo: "existiam cinco hóspedes", "existiriam possibilidades".

VERBO "FAZER" COMO SINÔNIMO DE TEMPO DECORRIDO

"Hoje fazem 25 anos que me casei e amanhã farão 17 que meu filho nasceu." Por que no tempo passado está errado e no futuro está correto, se é o mesmo verbo? Quando o verbo "fazer" significa tempo passado, ele se torna impessoal, logo não tem sujeito e só poderá ser empregado na terceira pessoa do singular; já no tempo futuro, a concordância se faz obrigatoriamente. O correto, portanto, é "Hoje faz 25 anos que me casei."

VERBOS NO PLURAL COM A PARTÍCULA "SE"

As frases "Alugam-se carros" e "Vendem-se apartamentos" estão corretas. Se carros são alugados e apartamentos são vendidos (no plural), o correto é o verbo e o sujeito ficarem no plural. Com o sujeito no singular fica mais fácil: "Aluga-se apartamento".

"OS ESTADOS UNIDOS POSSUEM"

Dúvida muito comum. Preste atenção no artigo "os" no início da frase. O correto é o verbo ficar no plural porque concorda com o artigo no plural. Já a frase "O governo dos Estados Unidos proibiu a entrada de imigrantes" está correta, pois o verbo concorda com "o governo".

EXPRESSÕES "É MUITO", "É POUCO", "É SUFICIENTE"

O verbo "ser" fica sempre no singular quando significa peso, distância ou quantidade. Logo: dez quilos é pouco, vinte reais é muito, trinta gramas é suficiente.

"ISSO É PARA EU TOMAR?"

"Eu" é um pronome pessoal e só pode ser sujeito da oração. Bom lembrar: "Isso é para mim tomar" está errado gramaticalmente.

"QUER QUE EU AJUDO A SENHORA?"

Erro comum quando se troca a flexão verbal e se confundem os tempos e modos dos verbos. Portanto, qual a forma correta? Exatamente: "Quer que eu ajude a senhora?"

SEJA BEM-VINDO

Nunca use seje, pois tal forma não existe. O correto é "que eu seja, que tu sejas, que ele seja". Que assim seja!

"SE VOCÊ VIR O GERENTE..."

Não confunda o verbo ver com o verbo vir; a conjugação desses verbos é difícil. O verbo "ver" no futuro do subjuntivo se conjuga assim: (se) eu vir/ tu vires/ ele vir/ nós virmos/ vós virdes/ eles virem. O certo é: "Se você vir o gerente, diga que as entregas chegaram". Já o verbo "vir" se conjuga assim: (se) eu vier/ tu vieres/ ele vier/ nós viermos/ vós vierdes/ eles vierem. Veja este exemplo: "Se você vier para o jantar, não esqueça a garrafa de vinho".

CONCORDÂNCIA NOMINAL

"MARIANA ESTÁ MEIA CANSADA"

"Meia" é metade. Daí falarmos, por exemplo, meio-dia e meia, que significa meio-dia mais meia hora. Mariana não pode estar metade cansada, não é mesmo? Mariana se encontra "meio" cansada. "Meio" aí tem a função de advérbio; portanto, é invariável.

É PROIBIDO OU É PROIBIDA?

Quando o artigo "a" está presente, concorde com ele: "É proibida a entrada de pessoas com trajes de banho" e "É proibido entrada com trajes de banho".

ANEXO[A], ANEXOS[AS], EM ANEXO

Este termo concorda sempre com o nome a que se refere. Por exemplo: fotografia anexa, fotografias anexas; documento anexo, documentos anexos. "Em anexo" é invariável. Use: gráficos em anexo, gráfico em anexo.

BULA DO CAPÍTULO

GÍRIAS, BORDÕES DE NOVELAS, FRASES DE EFEITO DE JOGADOR DE FUTEBOL... MELHOR DEIXAR TUDO ISSO LONGE DO TRABALHO.

NÃO USE TERMOS OU EXPRESSÕES EM INGLÊS QUANDO ESTIVER LIDANDO COM CLIENTES, AINDA MAIS SE NÃO SOUBER O SIGNIFICADO. PROCURE SABER O QUE ELES QUEREM DIZER PARA EXPLICAR A QUEM NÃO ENTENDE.

SABE AQUELE GERÚNDIO "IMPORTADO" QUE A GENTE ESCUTA POR AÍ, DO TIPO "VOU ESTAR ENVIANDO"? ESQUEÇA. GERÚNDIO SÓ EM PORTUGUÊS: "CALMA, MEU AMOR, JÁ ESTOU INDO! ESQUECI A CHAVE!".

LEIA SEMPRE QUE PUDER: JORNAIS, REVISTAS, LIVROS. VEJA SE NA SUA REGIÃO HÁ BIBLIOTECAS PÚBLICAS OU PRIVADAS COM ACESSO PERMITIDO.

NÃO SE ENVERGONHE DO SEU JEITO DE FALAR SE VOCÊ NÃO SEGUE A NORMA CULTA. USE A SUA EXPERIÊNCIA DE VIDA EM SEU BENEFÍCIO. MAS LEMBRE-SE DE QUE APRENDER A NORMA CULTA É UMA MANEIRA DE FAZER PARTE DE OUTROS DISCURSOS E DE FICAR À VONTADE EM OUTROS GRUPOS SOCIAIS.

PARA PENSAR

Você acha que não seguir a norma culta que se aprende nas escolas é um obstáculo a quem pretende ingressar ou se manter no mercado de trabalho?

Você acha certo que as empresas em geral adotem termos em inglês em substituição a palavras em português? O que você acha mais elegante: "Delivery" ou "Serviço de entrega"? "Market" ou "mercado"? "Self-service" ou "autosserviço"?

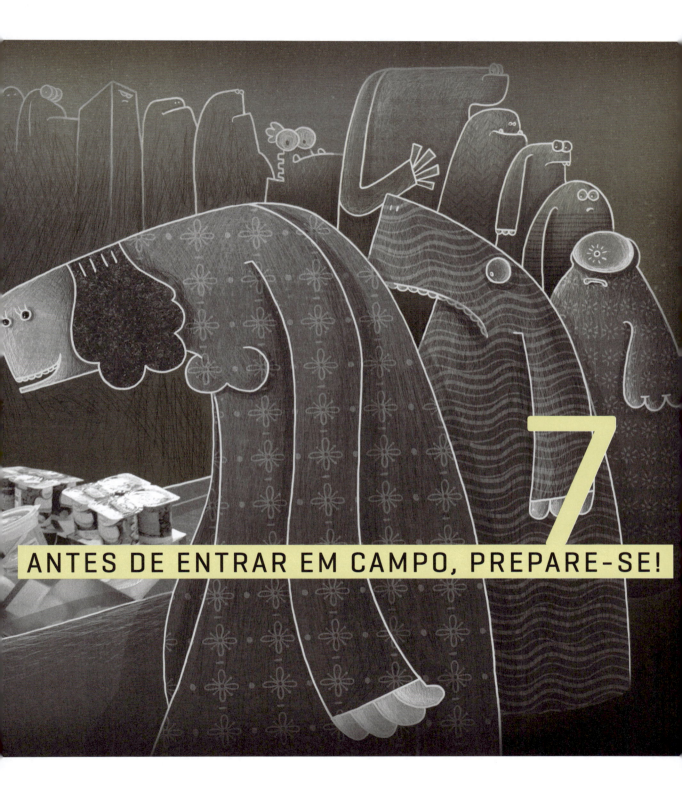

7
ANTES DE ENTRAR EM CAMPO, PREPARE-SE!

Já imaginou precisar comprar um pneu, dirigir-se a uma loja especializada e perceber que o vendedor sabe tanto quanto você, ou seja, quase nada sobre o assunto? E se em um restaurante você perguntar detalhes sobre determinado prato e constatar que o garçom só sabe o que está escrito no cardápio, nada além?

Agora se coloque do outro lado do balcão: pense que você é o atendente do setor de frios de um supermercado e um cliente pede 200 gramas de salame italiano. É bom você saber distinguir o salame italiano de um hamburguês, não é?

Informações precisas são básicas para quem lida com o público. Seja qual for o ramo de atividade, inteirar-se sobre os procedimentos do dia a dia da empresa, conhecer os detalhes das mercadorias, saber as características dos produtos que vende ou dos serviços que presta são atitudes que farão você ser bem-visto e, naturalmente, mais respeitado não só pelos clientes, como também pelo chefe e pelos colegas.

Pesquise, pergunte. Não se envergonhe de não dominar o assunto. E lembre-se: quando lhe perguntarem algo e você não souber a resposta, peça um tempo, pesquise, converse com colegas ou profissionais mais experientes e retorne com a resposta ao cliente. Transparência nas ações é importantíssimo! Veja só este exemplo:

\> \> \>

Era visível que Catarina estava nervosa. Em seu segundo dia de trabalho no setor de legumes, frutas e verduras daquele movimentado supermercado, seu colega de atendimento, mais experiente, estava tirando a hora do lanche. Os códigos dos produtos a serem pesados na balança estavam em uma lista pregada na parede, mas mesmo assim Catarina se sentia em apuros, porque a fila de clientes só aumentava. Antes de começar o período de experiência, no dia anterior, o gerente tinha explicado rapidamente o funcionamento do setor:

— As frutas ficam logo na frente, ao lado das verduras. Os legumes ficam nas bancadas perto da balança. Esta lista tem os códigos de cada produto, é só consultar. Daqui a pouco você decora todos, é uma questão de prática.

Bom, mas na prática... Além de perder um bom tempo consultando a tal lista, de letras bem pequenas, a Catarina ainda tinha que identificar os produtos. Tomate, por exemplo, tinha o comum e o italiano, este mais alongado. Espinafre e chicória, ela confundia desde criança. Fora umas frutas que ela nunca tinha visto nem provado, como kiwi, lichia...

Mas Catarina não deixou o nervosismo tomar conta da situação. Respirou fundo, ajustou o crachá onde estava escrito "Em experiência" para que ficasse bem visível aos clientes e, diante de cada dificuldade, usava a sinceridade aliada a um sorriso franco:

— Boa noite, a senhora me desculpe, eu sou nova aqui, estou em experiência. Este melão é o japonês, não é?

— Isso mesmo, minha filha. Docinho, melhor que o amarelo.

Diante da sinceridade da funcionária, a cliente foi bem simpática. Catarina já até sabia que o melão japonês, com aquela casca dura que nem coco, era mais doce que o amarelo – pela aparência, parecia o contrário...

Simpática e mais confiante, rapidamente Catarina foi atendendo os clientes da fila, sempre sendo clara sobre a sua condição de novata em experiência. Com aquela atitude, driblou o nervosismo e ainda ficou conhecendo alguns produtos com os quais não era muito acostumada. Um senhor, muito educado, até explicou a ela que a lichia era uma fruta originária da China, de baixa caloria e rica em potássio. Quando o colega voltou do lanche até se surpreendeu: fora um rapaz que estava sendo atendido, não havia mais ninguém na fila da balança.

— Poxa, deu conta do recado direitinho, hein? Da próxima vez eu tiro até um horário maior de lanche – brincou o colega.

— Que nada, foi o maior sufoco, mas os clientes ajudaram. Não peguei ninguém de mau humor e nem tive que ir até o balcão identificar produto. Agora você fica aí na balança que eu vou estudar os nomes de umas frutas esquisitas ali, tá?

< < <

Embora ainda não tivesse conhecimento sobre todos os produtos do setor de hortifrutigranjeiros, Catarina conseguiu superar as dificuldades iniciais sendo simpática, calma e sincera. E ainda foi estudar os nomes de alguns produtos que não conhecia. Com certeza, em pouco tempo, ela vai saber discernir o melão japonês do amarelo e até decorar os códigos dos alimentos.

A forma como você se prepara para atender os clientes começa com detalhes que vão desde a sua própria aparência até o domínio sobre o trabalho. Se você é uma manicure, não fica bem estar com as unhas sujas ou os cabelos compridos soltos ao atender uma cliente, certo? E caso ela pergunte se o salão possui autoclave, você deve saber informar isso com segurança. Aliás, autoclave é uma espécie de estufa para esterilizar equipamentos usados em salões de beleza.

Clareza, objetividade e segurança. Como você deve se preparar para atender bem, para não ter que enfrentar aquela cara de decepção que você certamente faz quando não é bem atendido? É sobre isso que trata este capítulo, que fará também um resumo de tudo que conversamos até aqui.

DETALHES QUE FAZEM A DIFERENÇA

Antes de entrar em campo, um time de futebol treina as jogadas que pretende executar, os jogadores são submetidos a intenso condicionamento físico e táticas de jogo são discutidas. Se esse conjunto de preparativos não for feito, a chance de o time vencer se reduz.

A preparação é também fundamental no atendimento. E cada detalhe merece atenção. Cena 1 – Loja de produtos naturais: de nada valerá você usar uma roupa novinha se não souber explicar aos clientes as características do produto que chegou às prateleiras recentemente. Cena 2 – Restaurante: seus conhecimentos de garçom sobre determinado prato do cardápio serão menosprezados, caso você esteja com as unhas sujas ou a barba por fazer. Cada detalhe merece atenção.

A imagem pessoal é um detalhe valioso a todos os ramos de atividade. Seja em uma loja de departamentos, um supermercado, um restaurante, um salão de cabeleireiro, um banco ou um hotel, é fundamental que o atendente esteja com a aparência cuidada e com os trajes adequados. Em muitas atividades, o uso do uniforme é padrão, mas em outras a roupa é uma escolha individual. E, como já vimos antes, apresentação pessoal e discrição são duas questões a serem consideradas nas profissões que exigem contato direto com o público.

Como já vimos, o atendente deve conhecer seu local de trabalho e as funções que vai cumprir ali, perceber o perfil geral dos clientes que atende e dominar o universo de informações envolvido no seu trabalho. Uma manicure, por exemplo, paralelamente às habilidades técnicas de cortar e lixar, retirar cutículas e pintar as unhas, precisa ter e conhecer as cores de esmalte que estão na moda, bem como onde é o melhor local nas redondezas para afiar um alicate, onde comprar os melhores produtos a melhor preço, prestar atenção nos caprichos de cada cliente etc.

Já para nossa simpática Catarina, seria interessante aprender mais sobre frutas, legumes e verduras. Antes de cada plantão de serviço, seria bom que ela procurasse saber com o gerente ou os colegas de turno quais produtos estão em falta ou se há algum novo item no setor. Antecipando-se aos possíveis problemas do dia e se informando sobre o que acontece no seu setor de trabalho, ela estará apta a responder com segurança qualquer pergunta que um cliente fizer.

BOA ARTICULAÇÃO NA FALA

Imagine que logo no *hall* de entrada de seu curso você vê um cartaz de divulgação de uma palestra sobre "vendas no varejo" com um dos profissionais mais respeitados do mercado. É justamente a sua área de interesse. Mesmo sendo sábado, não importa! Se o conteúdo contribuir para sua formação, para seu crescimento profissional, por que não? É um investimento, sem dúvida.

No dia da palestra, auditório cheio, você percebe que algumas palavras lhe escapam, que você não consegue entender toda a mensagem e sua atenção se desvia. Será o sono? O cansaço de uma semana de trabalho intenso? Você aproveita o intervalo, lava o rosto, toma um café e volta pronto a dedicar toda a atenção ao palestrante. E só aí começa a desconfiar que o problema está no orador e não em você. Ele fala muito rápido, às vezes "come" algumas palavras, tem a respiração ofegante.

Fica a lição: se o tom de voz não é adequado, se o ritmo da fala estiver lento ou rápido demais, se a respiração estiver ofegante, se as palavras não estiverem claramente articuladas, a comunicação sofre ruídos e prejudica o entendimento do ouvinte.

Mas esse tipo de problema pode ser resolvido. Segundo a fonoaudióloga Ana Lucia Longo, quando a voz se deteriora, por exemplo, por esforço ou doença, surgem sentimentos de insegurança, de inadequação. Muitos profissionais que usam a voz como um ou o principal instrumento de trabalho – vendedores, atores, professores ou locutores, entre outros – por vezes necessitam de um treinamento de apoio para desenvolver o potencial vocal e ajustar eventuais problemas na fala.

Há um programa em Fonoaudiologia chamado "aperfeiçoamento vocal", com ótimos resultados. São exercícios respiratórios e articulatórios que – com disciplina e repetições – trazem como resultado a produção de um bom discurso oral, sem danos à saúde vocal. E há outros exercícios simples e variados que trabalham a projeção, a inflexão e a pronúncia. Um deles, por exemplo, é ler textos em voz alta, com a respiração correta, com especial atenção para a pronúncia das letras "s" e "r" nos finais das palavras.

A fonoaudióloga Ana Lucia Longo dá algumas dicas que podem ajudar a tornar a voz agradável aos ouvidos.

Beba água com regularidade, em temperatura ambiente e em pequenos goles (evite a água gelada).

Mantenha uma alimentação saudável e regular.

Evite ingerir achocolatados e derivados do leite, porque aumentam a secreção do trato vocal.

Evite café, bebidas gasosas e cigarro. Os três irritam a laringe.

Os exercícios de trava-língua são excelentes recursos para trabalhar a consciência fonológica. Parecem brincadeira de criança – e são também –, mas eles melhoram a dicção e desenvolvem a linguagem. Ajudam no ritmo, na pausa e na entonação da voz. Alguns são bem conhecidos – o último é de lascar!

"Um papo de pata num prato de prata."

"O peito do pé do Pedro é preto."

"O tigre de Pedro não come trigo de pedra."

"Um tigre, dois tigres, três tigres."

"O princípio principal do príncipe principiava principalmente no princípio principesco da princesa."

Há outros exercícios que podem ajudar na articulação oral. Um deles é fazer leitura em voz alta, mantendo uma rolha de um centímetro e meio entre os dentes incisivos, exagerando os movimentos labiais. Que tal tentar?

Tudo depende de você – jamais se esqueça disso. Ninguém nasce sabendo. Se você é uma pessoa tímida, por exemplo, que tal treinar diálogos de atendimento na frente de um espelho, caprichando no sorriso, vendo de que forma usar melhor as mãos, os gestos?

O conhecimento é adquirido ao longo da vida. É assim com você e com todo mundo. E se achar que sua voz e/ou sua respiração apresentam problemas, procure um fonoaudiólogo. O problema pode ser mais simples do que parece.

Então? Preparado para entrar em campo? Que tal um treino? Vamos propor agora um jogo em que você sai de casa para obter uma colocação no mercado de trabalho e chega ao final no emprego desejado.

JOGO | PARA ATENDER MELHOR

Para fixar conceitos e dicas de atendimento, que tal jogar o "Para Atender Melhor"? Você vai precisar de um dado e de uma peça para andar sobre as casas (um peãozinho ou um objeto improvisado). Se quiser que o jogo fique mais divertido, convide um ou dois colegas para jogar com você.

O objetivo do jogo é chegar o mais rápido possível à casa final, ou seja, sentir-se o craque do atendimento. Cada jogador lança o dado e avança o número de casas correspondente ao número que saiu no dado. Se cair no número em destaque, o jogador deve ler a instrução na casa correspondente, nas páginas 106 e 107.

O jogador só poderá entrar na casa final se tirar o número exato de casas. Caso tire um número maior, o jogador entra na casa final e retrocede o número de casas que sobrou. Caso o peãozinho caia numa casa ocupada por outro jogador, o peão original deverá regressar à casa inicial (casa 1).

CASA INICIAL

À procura da qualidade no atendimento...

CASA 4

Chegou ao trabalho com a camisa sem passar e com barba por fazer?

Vamos tentar de novo? Volte ao ponto de partida.

CASA 6

Barba feita, camisa passada, dentes escovados depois do café?

Maravilha, você está pronto para mais um dia de trabalho! Avance duas casas.

CASA 11

Cliente: "Você tem esta bota na cor marrom?"
Você: "Não, somente preta ou branca. O senhor quer que eu lhe mostre? Posso buscá-las no estoque."

Respondeu na hora e deu as opções disponíveis, foi objetivo e seguro. Avance três casas.

CASA 14

Cliente: "Esta sandália é linda. Tem o número 38?"
Você: "Eu acho que não, tenho que ver. Mas tem um tênis na promoção com todos os tamanhos, não prefere?"

Sandália... Tênis... Coisas bem diferentes, não? Não é melhor ouvir com atenção o pedido da cliente e tentar responder antes de oferecer outra coisa? Fique uma rodada sem jogar.

CASA 19

Duas senhoras sentam para almoçar e, mal abrem o cardápio, o garçom diz:
– E aí, as madames vão de quê?

Boa educação passou longe, não é? Volte para a casa 10.

CASA 20

Duas senhoras se sentam para almoçar e o garçom, ao mesmo tempo que lhes oferece o cardápio, diz:
– Boa tarde, meu nome é Alfredo, sejam bem-vindas.

Boa educação é fundamental. Avance até a casa 24.

CASA 25

– Bom dia, o senhor tem água tônica?
– Ô, demorô...

Será que o cliente entendeu como "sim" ou "não"? Gírias no balcão de atendimento não são bem-vindas. Fique uma rodada sem jogar.

CASA 27

– Bom dia, o senhor tem soda limonada?
– Oi, princesa, se não tivesse eu mandava buscar...

Além de falta de respeito, demonstrar intimidade com a cliente? Fique duas rodadas sem jogar.

CASA 32

Uma senhora entra na loja de roupas e começa a mexer nos cabides. A atendente diz:
– Olá, senhora, meu nome é Andreia, se precisar de ajuda é só pedir. Fique à vontade.

Perfeito. A vendedora se identificou, foi cortês e deixou a cliente à vontade. Avance quatro casas.

CASA 35

O rapaz chega ao balcão de informações da companhia aérea:
– Boa tarde, pode me dar uma informação?

O atendente, sem levantar a cabeça, segue com os olhos fixos na tela do computador e faz um gesto com a mão para o rapaz esperar.

Comunicação por gestos e sem olhar para o cliente? Volte cinco casas.

CASA 40

– Alô, é da loja de material de construção?
– É sim, mas *nós tá ocupado* recebendo mercadoria?
– Eu queria fazer um pedido.
– Agora não dá, meu senhor, se quiser liga mais tarde.

Além das concordâncias erradas, isso não é jeito de atender telefone. Fique duas rodadas sem jogar.

CASA 46

– Alô, é da farmácia?
– Oi, meu amor, pode falar...

O atendente parece estar falando com a namorada, mas é uma cliente. Volte quatro casas.

CASA 49

Na fila da balança do mercado, a atendente dá prioridade a quem tem direito, com gentileza:
– O senhor se importa se eu atender antes essa senhora com criança de colo? Em seguida eu atendo o senhor. Pode ser?

Avance três casas.

CASA 51

O gerente abre a reunião com seus funcionários assim:
– Nossa empresa vai estartar em julho um novo serviço de *delivery*.

Que tal começar a apagar os estrangeirismos de sua fala? Fique duas rodadas sem jogar.

CASA 54

No restaurante paulistano, o turista da Paraíba dispensa o cardápio e pergunta ao garçom:
– Tem jabá com jerimum?
E o garçom, com cara de desprezo:
– Tem carne-seca com abóbora, serve?

A postura de desprezo e o desrespeito aos regionalismos não fazem parte do cardápio do bom atendimento. Volte quatro casas.

CASA 58

– Você falou com ele?
– Não. Vou estar falando amanhã.

"Vou estar falando amanhã"? Vamos colocar uma pedra em cima do gerúndio empregado de forma errada? O certo é "Vou falar amanhã". Volte cinco casas.

CASA FINAL

Parabéns, você provou que é um craque em atendimento!

ÍNDICE DE ASSUNTOS

APRESENTAÇÃO PESSOAL

Cuidados com a aparência > 49, 99, 100.
Imagem pessoal > 49, 100.

EDUCAÇÃO E GENTILEZA

Aprender a ouvir > 55.
Com licença? > 12, 30, 48.
Crianças e pessoas idosas > 13, 35, 60.
Diga a verdade > 13, 55.
Fez algo errado, peça desculpas > 13.
Gentileza gera gentileza > 23, 24, 30, 34, 35.
Interesse pessoal > 41, 42, 43, 50.
Não, obrigada/Sim, obrigada > 12.
Obrigada/Obrigado > 12, 30, 48.
Ouvir > 41, 55, 59, 106.
Para cada situação, uma aproximação > 17, 18, 71, 72.
Pessoas educadas falam baixo > 18, 60.
Por favor > 13, 30, 34, 48
Quando falar e quando calar > 34, 48, 55, 56, 57, 64.
Respeitar as diferenças > 73, 74, 79.
Seja pontual > 14, 51.
Silêncio > 57.
Simpatia e educação > 48, 63, 72.

EXPRESSÃO CORPORAL

Alisar o cabelo enquanto fala > 42.
Apertar a mão com segurança > 43.
Braços cruzados > 41.
Cabeça erguida > 43.
Corpo projetado para trás > 41.
Engolir em seco > 41.
Esfregar as mãos e suor em demasia > 42.
Mãos entrelaçadas > 41.
Olhar nos olhos > 42.
Olhar o relógio diversas vezes > 42.
Relaxar os ombros e ter postura altiva > 42.
Sorrir > 42.

EXPRESSÃO FACIAL

Bom humor > 28, 29.
Deboche > 29, 87.
Desdém > 29, 35.
Desprezo > 28, 29, 107.
Raiva > 28, 45.
Sorriso > 28, 29, 35, 42, 77.

FORMAS DE FALAR/LINGUAGEM

Afetiva > 71, 72, 84.
Coloquial > 71, 72.
Familiar > 71, 72, 84.
Formal > 16, 17, 71, 72, 75, 79.
Gírias > 49, 71, 72, 73, 75, 78, 79, 87, 88, 93, 106.
Palavrões > 49, 72.
Piadas > 27, 49, 87.
Regionalismos > 73, 75, 78, 79, 107.
Vícios de linguagem > 84, 88.
 A nível de > 88.
 Enquanto > 88.
 Gerundismo > 62, 88, 93, 107.
 Modismo > 85, 87.
 No sentido de > 89.

FORMAS DE TRATAMENTO

Amor > 14, 33, 71, 84, 93, 107.
Bródi (*brother*) > 16.
Careca > 16.
Companheiro > 11, 77.
Doutor > 11, 12, 17, 18.
Expressões e cumprimentos > 76, 77, 79.
Fofinha > 14, 33.
Gordo(a) > 16.
Idoso (a) > 13, 35.
Madame > 12, 106.
Meu bem > 14, 33.
Meu velho > 14.
Parceiro > 16, 77.
Pronomes > 16, 17, 18, 19.
Rapaziada > 14.
Velho(a) > 13, 14, 16.

INFORMAÇÃO E QUALIFICAÇÃO

Atendimento telefônico > 33, 59, 60, 61, 63, 64, 65, 67, 85, 107.
Informar-se para informar > 13, 64, 72, 97, 99, 100.
Normas de trabalho > 49, 72, 79.
Recados e pedidos, como anotar > 34, 64, 65, 66.
Sensibilidade e percepção > 45, 46.
Vocabulário > 73.

NORMAS DA LÍNGUA PORTUGUESA

Concordância nominal
    Anexo(a), Anexos(as), em anexo > 92.
    É proibido ou é proibida? > 92.
    "Mariana está meia cansada" > 92.
Concordância verbal
    "É muito", "é pouco", "é suficiente" > 91.
    "Isso é para eu tomar" > 91.
    "Os Estados Unidos possuem" > 91.
    "Quer que eu ajudo a senhora?" > 91.
    "Se você vir o gerente..." > 91.
    "Seja bem-vindo" > 91.
    Partícula -se > 90.
Verbos
    Haver > 90.
    Fazer > 90.
    Ver > 91.
    Vir > 91.

VOZ E ENTONAÇÃO

Exercícios > 102.
Fala > 71-79.
Fonoaudiologia > 101, 102.
Recomendações > 101, 102.
Ritmo da fala > 101, 102.
Tom da voz > 39, 40, 45, 51, 101.

REFERÊNCIAS

ACADEMIA BRASILEIRA DE LETRAS. **Vocabulário ortográfico da língua portuguesa**. 5. ed. [*S. l.*]: Global Ed., 2009.

ANDRADE, José Eliézer de. **Português indispensável**. 16. ed. [*S. l.*]: Tempo Brasileiro, 2010.

BAGNO, Marcos. **A língua de Eulália**: novela sociolinguística. São Paulo: Contexto, 2001.

BAHIENSE, Raquel. **Comunicação escrita**. Rio de Janeiro: Senac Nacional, 2005.

CAMPEDELLI, Samira; SOUZA, Jésus. **Produção de textos & usos da linguagem**. São Paulo: Saraiva, 1998.

CARVALHO, Elisa de Castro. **Comunicação e linguagem**. Porto: Universidade Portucalense, 20 jun. 2008.

CEREJA, William Roberto; MAGALHÃES, Thereza Cochar. **Gramática reflexiva**. São Paulo: Atual, 1999.

DICIONÁRIO Houaiss de sinônimos e antônimos da língua portuguesa. Rio de Janeiro: Objetiva, 2003.

FARACO, C. A.; MOURA, F. M. **Gramática**. São Paulo: Ática, 1999.

MUANIS, Felipe. **Imagem, cinema e quadrinhos**: linguagens e discursos de cotidiano. Disponível em: https://www.revistas.usp.br/caligrama/article/view/64622/67264. Acesso em: 12 jan. 2022.

INFANTE, Ulisses. **Do texto ao texto**. São Paulo: Scipione, 1998.

LIMA, Rocha. **Gramática normativa da língua portuguesa**. 43. ed. Rio de Janeiro: J. Olympio, 2003.

SITES CONSULTADOS:
www.cursoschafic.com/etiqueta social
www.diconariodegirias.com.br
www.administradores.com.br
www.colegioweb.com.br
www.portaldalinguaportuguesa.org

Este livro foi impresso em papel offset 90g/m^2 no miolo e cartão supremo 250g/m^2 na capa e composto nas fontes Cambria para os textos e Geogrotesque para os títulos.